Geopolítica

Geopolítica
Una breve introducción
Klaus Dodds

Traducción de Joan Soler Chic

Antoni Bosch editor, S.A.U.
Manacor, 3, 08023 Barcelona
Tel. (+34) 932 060 730
info@antonibosch.com
www.antonibosch.com

Geopolitics. A Very Short Introduction was originally published in English in 2018 (first published 1980). This translation is published by arrangement with Oxford University Press. Antoni Bosch editor is solely responsible for this translation from the original work and Oxford University Press shall have no liability for any errors, omissions or inaccuracies or ambiguities in such translation or for any losses caused by reliance thereon.

Geopolitics. A Very Short Introduction fue originalmente publicada en 2018 por Oxford University Press (primera edición 1980). Esta traducción ha sido publicada de acuerdo con Oxford University Press. Antoni Bosch editor es el único responsable de esta traducción de la obra original, y Oxford University Press no tiene ninguna responsabilidad en caso de errores, omisiones o ambigüedad en los términos de la traducción.

© Klaus Dodds, 2021
© de la traducción: Joan Soler Chic
© de esta edición: Antoni Bosch editor, S.A.U., 2021

ISBN: 978-84-121063-5-0
Depósito legal: B. 1496-2021

Diseño de cubierta: Compañía
Maquetación: JesMart
Corrección de pruebas: Ester Vallbona
Impresión: Prodigitalk

Cualquier forma de reproducción, distribución, comunicación pública o transformación de esta obra solo puede ser realizada con la autorización de sus titulares, salvo excepción prevista por la ley. Diríjase a CEDRO (Centro Español de Derechos Reprográficos, www.cedro.org) si necesita fotocopiar o escanear algún fragmento de esta obra.

Para Theo
(24 febrero 2006 - 22 mayo 2007)

Índice

Prefacio 11
Agradecimientos 29
Lista de ilustraciones 31
1. ¿Qué es la geopolítica? 33
2. ¿Veneno intelectual? 51
3. Arquitecturas 91
4. Geopolítica popular..................... 125
5. Identidades 161
6. Objetos 195
Epílogo 221
Referencias 223
Lecturas recomendadas 227
Índice analítico........................... 233

Prefacio

Desde la tercera edición de *Geopolítica: una breve introducción*, aparecida en inglés en junio de 2019, el mundo ha cambiado debido a una pandemia que tuvo su origen en China a finales de 2019 y principios de 2020. Cabe señalar que esa tercera edición abordaba cuestiones como el Brexit, la crisis de los refugiados, la presidencia de Donald Trump o el cambio climático, si bien no se extendía sobre la salud pública o las consecuencias geopolíticas de una pandemia. La pandemia de la Covid-19 pone claramente de manifiesto el hecho de que una enfermedad vírica está impregnada de ramificaciones y parámetros geopolíticos.

Pero antes de hablar de las ramificaciones geopolíticas de la pandemia de la Covid-19, veamos una cuestión: ¿Qué es la geopolítica? Como palabra compuesta, podemos definir la geopolítica como la relación entre el planeta (la Tierra) y el poder político y su distribución. Esta relación no es estable, y una permanente área de interés es el modo en que el reparto del poder varía a lo largo del espacio y el tiempo. Los países pasan por épocas de apogeo y decadencia. El valor de los recursos cambia, y la transición a un sistema energético bajo en carbono podría provocar una disminución del poder histórico de países productores de gas y petróleo, como Arabia Saudí. Otras regiones también pueden adquirir una importancia estratégica cambiante. En los últimos años, se ha producido un cambio notable en el aumento del nivel del Ártico, de tal modo que al parecer la fusión del hielo provocará una gran lucha por el poder entre Rusia, EE. UU. y China. Como el Ártico tendrá menos hielo, seguramente será más accesible y atractivo para quienes estén dispuestos a explotarlo. En resumidas cuentas, la pérdida de hielo dará pie a una competición geopolítica. Hace cincuenta años, los submarinos nucleares rivales trazaban círculos bajo el casquete del polo Norte, pero nadie pensaba realmente que, en el siglo XXI, el océano Glacial Ártico pudiera llegar a convertirse en una ruta marítima importante.

En la geopolítica hay dos ideas esenciales. La primera y más tradicional apunta al papel de la geografía física en la configuración de la historia y la política de un país o una región. En el caso de España, por ejemplo, cabría resaltar su ubicación y su emplazamiento estratégico. En el extremo de Europa y cerca del norte de África, el desarrollo histórico y político de España es una mezcla de fragmentación regional, combinación intercultural, conquista y extracción imperial intercontinental y enconada guerra civil que dio lugar al autoritarismo y a la supresión del regionalismo. La historia geopolítica de España es la de un país que, en última instancia, en la década de 1980 decidió formar parte de la UE y la OTAN gracias a un reajuste reflexivo para abandonar su relativo aislamiento y avanzar hacia la integración europea en un sentido amplio. Con independencia de cualquier otro cambio en las geografías políticas españolas, la geografía física del país aún es importante: el estrecho de Gibraltar sigue siendo una concurrida ruta de navegación, además de ruta habitual para el tráfico de drogas y de personas desde Marruecos. Los Pirineos han constituido una vieja frontera natural con Francia. Gibraltar, un vestigio del siglo XVIII, se mantiene como fuente de tensión entre el Reino Unido y España. Pese a todos los cambios tecnológicos que han afectado a las sociedades y las economías globales, como internet o un comercio casi sin fricciones, determinados factores geográficos seguirán inspirando la perspectiva y el posicionamiento geopolítico de España. Esto acaso explique por qué España jamás ha aceptado la independencia del País Vasco y Cataluña, regiones situadas junto a la frontera septentrional con Francia. Son territorios de entrada, lo mismo que Gibraltar. La relación de España con Marruecos es crucial debido a su relativa proximidad: este último proporciona a España mano de obra para el sector agrícola, pero es también una fuente de inmigración ilegal.

La segunda percepción de la geopolítica es su condición de instrumento narrativo, incluso interpretativo, es decir, una manera de contar historias sobre cómo se entrecruzan la geografía y la política. Por ejemplo, podríamos considerar cómo la geopolítica de España, más que la geopolítica española, revela y conecta una serie de mapas mentales sobre el lugar que ocupa España en el mundo en general. Estos mapas mentales pueden variar en cuanto a su alcance y sus escalas espaciales. En primer término, podríamos identificar una «España global», que valoraría el modo en que las conexiones de España con el mundo de habla hispana –incluyendo los antiguos territorios imperiales de Latinoamérica, el Caribe y las Filipinas– siguen determinando su conciencia nacional. Los vínculos culturales, religiosos, educativos, científicos, comerciales y estratégicos de España están configurados por estas conexiones globales. Unos 450 millones de personas hablan español, y por ejemplo el venezolano Moisés Naím (además de antiguo director ejecutivo del Banco Mundial) hoy es solo uno de los muchos periodistas (que escribe en inglés y español sobre cuestiones geopolíticas para el periódico *El País,* y en su caso dirige además *Efecto Naím,* su canal de televisión. En segundo lugar, como miembro de la OTAN, España ha intentado convertirse, al igual que el Reino Unido y Portugal, en puente estratégico entre EE.UU. y Europa. Durante la llamada «guerra contra el terror», el gobierno español del momento (presidido por Aznar) se alineó estrechamente con los intereses geopolíticos y estratégicos de EE.UU. Las bases aéreas y los puertos militares españoles fueron utilizados por las fuerzas estadounidenses para lanzar sus operaciones ofensivas y llevar a cabo sus ejercicios de entrenamiento. Diversas islas españolas, como las Canarias, han sido identificadas como estratégicamente importantes para ciertos actores externos, en especial la OTAN. En tercer lugar, España se considera a sí misma una potencia del Mediterráneo, de modo que en otoño de 2020 el país llevó a cabo diversos ejercicios navales conjuntamente con Egipto, otra potencia. Ambos países describieron la colaboración como un ejercicio de creación de confianza. En cualquier caso, esto no debería analizarse de forma aislada. España está buscando activamente revitalizar algo que comenzó hace veinticinco años. El inicio del Proceso de Barcelona, en 1995, también conocido como «Iniciativa de Cooperación Euromediterránea», pretendía estimular la cooperación en las esferas de la protección ambiental, la salud, el comercio y el bienestar. Por último, España es una potencia geopolítica dividida. Se trata de un país que continúa forcejeando con la relación entre centralización y descentralización. La pandemia ha revelado de nuevo que el gobierno central de Madrid suele estar enfrentado con las autoridades regionales. Se suele poner de manifiesto que ciertos cismas internos evocan tensiones y recuerdos ligados a la Guerra Civil (1936-1939) y al legado represivo del general Francisco Franco, durante el cual España se vio sacudida por el terrorismo interior y la represión estatal.

De todo ello se desprende que la geopolítica está menos determinada por los factores geográficos y la ubicación que por la interacción de cómo y dónde se dice que lo geográfico es importante. Para el experto francés Dominique Moïsi, la geopolítica se ve fortalecida por un fundamento emocional. Los mapas mentales del mundo usados por la gente funcionan porque están impregnados de implicaciones emocionales. En su libro superventas *The Geopolitics of Emotion* (2009), el autor sostiene que emociones como el miedo, la esperanza y la humillación son cómplices esenciales de la acción geopolítica. El autor pone en entredicho la idea de que la geopolítica esté necesariamente asociada a la fría racionalidad estratégica. Cuando los países y sus poblaciones actúan en el mundo revelan un popurrí de reacciones emocionales. Tras los atentados del 11 de septiembre de 2001 en Nueva York y Washington D. C., el presidente George W. Bush puso en marcha una guerra contra el terror concebida para mantener el miedo social bajo control. La acción ofensiva sobre Afganistán e Irak también estuvo motivada por la cólera. Cabría decir que el ascenso de China como potencia global es, en parte, consecuencia de un deseo de vengar lo que se ha conocido como el «siglo de la humillación» (1839-1949). En 2016, la elección de Donald Trump como presidente de EE.UU. estuvo inspirada por la geopolítica de la esperanza, pues estaba firmemente empeñado en que su país «volviera a ser grande». El presidente Putin afirma una y otra vez que Rusia recuperará su posición en el mundo tras la desastrosa desintegración de la Unión Soviética en 1991.

Se podría decir que el populismo es un aliado natural de la geopolítica. El populismo es una ideología que prospera gracias a la división y la separación. Aunque los líderes populistas subrayan la importancia de respetar la «voluntad del pueblo», a menudo se enfrentan no solo a las élites corruptas de sus países, sino también a los forasteros y los extranjeros. La geopolítica populista es distinta de la geopolítica popular (que se refiere al papel de la educación y la cultura popular en la conformación de las construcciones imaginarias y cartografías mentales geopolíticas de los ciudadanos) porque es selectiva. En el Reino Unido, por ejemplo, un dirigente populista como Nigel Farage, en la campaña por el referéndum del Brexit en 2016, convenció a una mayoría de votantes de que la Unión Europea (UE) era perjudicial para los intereses económicos y geopolíticos del país. Se utilizaban expresiones breves como «Bruselas» para hacer referencia a una organización regional a la que se acusaba de pisotear los intereses del pueblo británico. La libertad de movimientos dentro de la UE se manipuló eficazmente para generar opiniones contrarias a los inmigrantes. Se movilizaron diversas emociones, como la indignación, el miedo o la humillación, para persuadir a una exigua mayoría de que votara a favor de abandonar la Unión Europea. Durante y después del referéndum se pusieron de manifiesto dudas sobre cómo la campaña *Vote Leave* [Vota salir] se había dirigido a sus votantes y quién había financiado la publicidad y el conjunto de la operación. En enero de 2020, el Reino Unido salió formalmente de la UE. Lo que queda por ver es qué relación tendrán los británicos con la Unión Europea en la década de 2020.

La geopolítica es un tipo de análisis que nos ayuda a comprender cómo las diferentes perspectivas y contextos geográficos influyen en la política nacional y global. En el pasado, habríamos podido centrarnos en los países y sus escenarios geográficos, teniendo en cuenta su ubicación, sus recursos o sus relaciones con el resto del mundo. Según estudios más recientes, la geopolítica, además de estar arraigada en factores geográficos físicos, se elimenta de construcciones imaginarias y emociones. Las perspectivas geopolíticas varían, en efecto, de un país a otro. La geopolítica china es seguramente muy distinta de la rusa, la norteamericana, la española o la india. Para entender cada una de estas perspectivas, la historia nacional, la cultura y la geografía son primordiales. Por otra parte, del cambio medioambiental que está desplegándose se deriva que el elemento «geo» de la geopolítica nunca es estable. Ciertas regiones, como la ártica, están experimentando un cambio de estado esencial, hasta el punto de que el océano Ártico dejará de ser considerado un desierto helado. La fusión del hielo está haciendo que el océano Ártico sea cada vez más un espacio de aguas abiertas y, por tanto, accesible a la navegación comercial y militar. En la actualidad, es habitual leer que existe un «Ártico global», una región por cuyo acceso e influencia pugnan las grandes potencias.

Geopolítica pandémica

Cuando la Organización Mundial de la Salud (OMS) de las Naciones Unidas reconoció como pandemia la emergencia de salud pública de marzo de 2020, los líderes políticos reaccionaron de diferentes maneras. En un primer momento, muchos de ellos cerraron las fronteras internacionales, o bien tanto los ciudadanos autóctonos como los visitantes fueron sometidos a duras restricciones de movilidad. En el caso de España, cinco días después de que la OMS reconociera como pandemia el estallido de la Covid-19, el gobierno cerró sus fronteras terrestres con Francia y Portugal y decretó normas muy estrictas. En segundo lugar, muchos gobiernos de todo el mundo impusieron confinamientos y promulgaron una serie de medidas extraordinarias de emergencia concebidas para desocializar la vida cotidiana. La gente tuvo que quedarse en casa. En España, las restricciones fueron duras para sus 47 millones de habitantes, y con el tiempo, las autoridades regionales se han valido de sus poderes especiales para imponer más restricciones locales y regionales, algunas más duras incluso que las establecidas desde Madrid. Finalmente, incluso las medidas de salud pública, como los confinamientos y las limitaciones a la movilidad, pueden poner de relieve las tensiones y divisiones internacionales. En el caso de España, Ceuta y Melilla vivieron cierta tensión con Marruecos en julio de 2020, cuando Rabat decidió reabrir sus fronteras terrestres y marítimas, pero solo parcialmente: las autoridades marroquíes no abrieron su frontera con los dos enclaves españoles, de modo que ambos países se acusaron mutuamente de valerse de la salud pública como excusa para limitar la entrada/salida de sus respectivos ciudadanos.

En otras palabras, la pandemia permite a los países aplicar sus propias estrategias de salud pública, aunque sería preferible un enfoque coordinado. Sin embargo, la salud pública no es ajena a la geopolítica. Durante gran parte de la Guerra Fría, había una fundada sospecha de que las autoridades norteamericanas estaban usando los programas de erradicación de enfermedades en África y Asia para alcanzar objetivos geopolíticos. Si los países aceptaban colaborar en la lucha contra una enfermedad como la polio o la viruela, creaban la posibilidad de que un tercero no solo trasladara material sanitario a los lugares en cuestión, sino que permitiera también actividades más perversas, como el espionaje. En 2011, la CIA utilizó la campaña de vacunación contra la hepatitis B en Pakistán para localizar a Osama bin Laden siguiendo la pista a los niños vacunados hasta un recinto sospechoso de la ciudad militar de Abbottabad. En Pakistán, desde el asesinato de Bin Laden por un comando del Ejército de los Estados Unidos, en mayo de 2011, la demanda pública de vacunas decayó. La gente no solo estaba enojada ante el dudoso papel de los trabajadores sanitarios, sino que el asesinato reavivó teorías conspirativas sobre la posibilidad de que los organismos occidentales estuvieran utilizando las vacunas para esterilizar a los musulmanes. En Pakistán, las intervenciones en salud pública se vieron salpicadas de acusaciones de desinformación, confabulaciones, doble juego y espionaje, lo cual tuvo funestas consecuencias para la erradicación de la polio y otras enfermedades graves.

Durante la pandemia de la Covid-19 hemos asistido al regreso de la rivalidad y el oportunismo geopolíticos. El presidente Putin no dudó en aprovechar la ocasión para proyectar la benevolencia rusa. Con los hashtag #FromRussiawithLove y #Russiahelps, el ministro ruso de Asuntos Exteriores ha participado activamente en la difusión y la visibilización del trabajo solidario de las fuerzas armadas y del personal médico del país, para lo que ha recurrido a imágenes de aviones rusos, cargamentos y manifestaciones de gratitud de ciudadanos europeos. Uno de los mayores logros diplomáticos fue seguramente el muy publicitado transporte de ventiladores y equipos de protección personal a Nueva York en abril de 2020. Algunos lo elogiaron como una demostración de buena voluntad internacional, mientras otros reprendían a la administración Trump por hacerle propaganda a Putin. El presidente Trump se vio forzado a declarar que Rusia no había estado involucrada en su campaña presidencial de 2020 y acusó al Partido Demócrata de orquestar su propia «campaña de desinformación».

En Italia, otro país beneficiario de la ayuda médica rusa, diversos periodistas han mostrado su preocupación respecto a los peligros que pudo conllevar la aceptación de esta ayuda y se preguntan hasta qué punto estuvo suficientemente vigilado el equipo médico-militar ruso mientras permaneció en suelo italiano. Si algunos han puesto en entredicho la calidad y la utilidad de la ayuda, incluso la mera presencia de la fuerza operativa rusa probablemente será utilizada por críticos de dentro y fuera de la UE para poner de manifiesto la fragilidad de Italia, Grecia y España. A los observadores de la política rusa les preocupa que el presidente Putin utilice la pandemia de la Covid-19 como una nueva oportunidad para fomentar la desconfianza entre la UE y Estados Unidos. Este comportamiento malicioso es propio de un presidente que pretende atrincherarse en el poder hasta 2036 y desea fortalecer su imagen como la de alguien capaz de «hacer que Rusia vuelva a ser grande» de cara a su reelección. Putin debe afrontar diversos problemas internos: su país depende mucho del petróleo y el gas, se enfrenta a una grave crisis demográfica debido al envejecimiento y al descenso de la población, y muchos rusos están indignados con su gobierno por los casos de corrupción, la crisis económica y los reiterados episodios de contaminación medioambiental. En la actualidad, la relación económica y energética de Rusia con China es clave gracias a los efectos de las sanciones occidentales impuestas tras la anexión ilegal de Crimea en 2013.

Pequín ha movilizado sus recursos para enviar «regalos» por todo el mundo. El filántropo chino Jack Ma y su Fundación Alibaba se han mostrado especialmente activos a lo largo de la pandemia: han donado kits de detección del virus a África, Italia y EE. UU. Paralelamente, China también se ha ocupado de ejercer su influencia sobre los organismos internacionales, entre ellos la OMS, para asegurarse de que Taiwán no recibía ningún reconocimiento público por sus estrategias de salud pública. El actual director de la OMS, Tedros Ghebreyesus, se ha visto impelido a caminar por una especie de cuerda floja diplomática, consciente de que la organización internacional no puede obligar a los países a hacer nada en materia de salud pública. Incluso el veterano consejero de salud pública de EE. UU., Anthony Fauci, ha abogado por que se refuerce la OMS a fin de mejorar la coordinación y las normas de acción colectiva.

El presidente Trump hacía continuamente referencia al «virus chino» y al «virus de Wuhan» en un intento de echarle a China la culpa de la pandemia. Geopolítica populista por excelencia. Mientras la OMS ha instado a que se colabore y se comparta información, la pandemia ha sacado a la luz diversas rivalidades geopolíticas. Aunque les resultara conveniente desde el punto de vista político, acusar a China no ha servido tampoco para que EE.UU. recibiera elogios por su gestión de la pandemia. La pandemia por la Covid-19 sigue mostrando datos diversos sobre índices de infección y de mortalidad. Actualmente existen unos doscientos Estados en el mundo, con sus territorios nacionales diferenciados, y podría decirse que de momento todos ellos están reaccionando de manera individual, más que colectiva, ante esta pandemia. Los cierres de fronteras y las prohibiciones de viajar ponen al descubierto tensiones: mientras unos países etiquetan a otros como «inseguros» o «peligrosos», ellos mismos se resisten a ser etiquetados. En los sistemas federales, como Estados Unidos o Australia, los gobiernos nacionales y regionales muestran también diferencias en las estrategias que desean aplicar en el ámbito de la salud pública.

Por consiguiente, la pandemia está dándonos lecciones vitales sobre cómo pueden desarrollarse en el futuro los retos geopolíticos y en qué puntos empieza ya a dejarse sentir cierta presión. Estados Unidos intenta hacerse con equipos de protección personal pujando por ellos más alto que sus rivales, así como tener acceso exclusivo a las vacunas para su población. Tal vez estemos inaugurando una nueva época de medidas extraordinarias en la que los alicientes para volver a la «vieja normalidad» de la cooperación internacional sean escasos o nulos. Las reuniones virtuales de diplomáticos y negociadores dejan menos margen para las interacciones sociales e íntimas que contribuyen a crear percepciones y prácticas comunes. No obstante, la pandemia también ha hecho posibles otras cosas. Ha habido oportunidades para el liderazgo local y regional, incluyendo a los expertos sobre control de enfermedades y planificación de salud pública (como por ejemplo, el Centro Africano para el Control de Enfermedades de Adís Abeba, creado como consecuencia de la crisis del Ébola) y para superar las dificultades de coordinación y financiación de la prevención y la planificación. Individuos con grandes recursos, como Bill y Melinda Gates, así como diversas organizaciones de la sociedad civil, están también impulsando activamente iniciativas de salud pública que trasciendan las fronteras nacionales y funcionen con sensibilidad global y cosmopolita, que reconozcan la vulnerabilidad común.

Por último, durante la pandemia se han redoblado esfuerzos en las cadenas de suministro, lo cual revela cierta preocupación respecto al abastecimiento alimentario, la seguridad energética y la producción de bienes esenciales, como medicinas y equipos de protección individual. En Estados Unidos existe mucha preocupación sobre el predominio de Huawei y la tecnología 5G. Abundan las acusaciones sobre robo de tecnología y espionaje industrial por parte de China. Como consecuencia de ello, EE. UU. se ha acercado a aliados estratégicos como la India, Australia o Japón para fomentar una cooperación más estrecha en el ámbito de la tecnología, los productos farmacéuticos, la ciencia, el intercambio de información o la defensa. En parte, esto ha sido diseñado como una reacción a la iniciativa china «Un cinturón, una ruta» y ha llevado a algunos analistas a temer que EE. UU. y China puedan a la larga entrar en conflicto en focos potenciales de tensión, como Taiwán, Hong Kong o el mar de la China Meridional. La perspectiva más probable es que tanto EE. UU. como China pierdan la confianza en instituciones multilaterales como la Organización Mundial del Comercio y decidan satisfacer sus deseos e intereses mediante relaciones bilaterales o alianzas de grupos pequeños. En cualquier caso, al margen de lo que ocurra con la relación chino-norteamericana, en la geopolítica los asuntos de dinero son esenciales. EE. UU. debe a China un billón de dólares en bonos del Tesoro, y si se produce un conflicto militar o comercial prolongado, ambas partes tienen mucho que perder. En EE. UU., la inversión total de las empresas chinas también ha bajado mucho, y algunas empresas extranjeras han abandonado China en busca de ubicaciones alternativas en países del sudeste asiático, como Indonesia o Vietnam. Ahora bien, lo que acaso descubran algunos terceros implicados es que habrán de negociar entre las exigencias y las restricciones de las dos economías más importantes del mundo. Esta estimación geopolítica es válida también para la UE y determinará su capacidad para generar su propia agenda geopolítica dentro y fuera de Europa.

Geopolítica futura

Cuando en el discurso europeo se acuñó el término «geopolítica», en las décadas de 1890 y 1900, nadie hablaba del cambio climático. Como parte de la geografía física, se consideraba que el clima y el medio ambiente eran factores geográficos permanentes. Ahora comprendemos mejor que nunca que el medio ambiente y el clima no son permanentes ni estables, sino que cambian, y en el caso del Ártico están cambiando muy deprisa. La Tierra está calentándose, y en la actualidad es habitual hablar de «amplificación polar» o de «perturbación generalizada». La consecuencia directa es la puesta en marcha de una serie de cambios geofísicos y bio-geoquímicos que amenazan la estabilidad relativa de los sistemas climáticos y el nivel general del mar. Debido al calentamiento, los mares están expandiéndose y subiendo de nivel, por lo que existe la posibilidad real de que importantes zonas del planeta acaben inundadas sin más. A finales del presente siglo, millones y millones de personas, desde Alaska hasta las Seychelles, podrían acabar siendo refugiados climáticos. Sin duda alguna, las inundaciones y el calor excesivo volverán inhabitables algunas zonas de la Tierra.

Esta relación entre la geopolítica y la gestión global de la salud pública ofrece nuevos elementos sobre los que se deberá reflexionar y actuar dada la actual situación de cambio climático en curso también deberá actuar. En este sentido, la capacidad para negociar fronteras, superar el nacionalismo defensivo y contrarrestar el populismo anticientífico serán puntos fundamentales. La acción colectiva es posible, pero el respaldo público para una acción de este tipo es más fácil de obtener cuando las amenazas (como es el caso de una infección vírica) son más inmediatas y los resultados llegan en un lapso de tiempo más breve (por ejemplo, la erradicación de una enfermedad o la reducción del contagio). El cambio climático y sus propulsores –sobre todo la pérdida de biodiversidad y el cambio en los usos de la tierra– facilitan la aparición de nuevas enfermedades infecciosas que se propagan entre comunidades rurales y pobres situadas en la periferia del mundo desarrollado, pero también aumentará la probabilidad de que las áreas más urbanizadas e industrializadas del mundo se vean afectadas en el futuro por esta clase de infecciones. El cierre de las fronteras quizá provoque un alivio a corto plazo, pero no hará que el planeta se vuelva un lugar más saludable. El control espacial jamás protegerá del todo a los más ricos de amenazas transnacionales como la contaminación del aire o las enfermedades infecciosas. Si sobre todo los países más contaminantes no se toman en serio el cambio climático, la Tierra y las distintas sociedades sufrirán muchos más daños, de tal manera que será más probable, no menos, la aparición de pandemias.

Así pues, seguramente en el futuro, la geopolítica futura será aún más complicada y discutida. El geógrafo político Simon Dalby habla de «geopolítica del Antropoceno». Es esencial un marco geopolítico para entender la capacidad y la voluntad de los países y la ciudadanía para implicarse en los que se han denominado «problemas perversos», como la pérdida de biodiversidad o las pandemias. Los efectos a largo plazo del cambio climático conllevan el riesgo de amplificar los efectos a corto plazo de las pandemias, pues los gobiernos de todo el mundo intentan recuperarse tras las onerosas intervenciones requeridas por la Covid-19 en cuanto a recursos financieros y consumo excesivo de plástico. En concreto, el cambio climático obligará a gobiernos, ciudadanos, empresas e inversores a tomar ciertas decisiones dolorosas: reducir drásticamente las emisiones en la década de 2020 y aceptar que el modelo de negocios del siglo xx ha dejado de ser sostenible. Se aprecian signos alentadores: descarbonización, peticiones de inversiones socialmente responsables y un respaldo popular cada vez mayor a la lucha contra el cambio climático. En todo caso, si apostamos efectivamente por una economía baja en carbono, los desastres naturales y las alteraciones climáticas graves pondrán a prueba la buena voluntad de los países y de la sociedad civil en todas partes.

Agradecimientos

Quisiera dar las gracias a los colegas de Oxford University Press, que amablemente accedieron a publicar una tercera edición de este libro. Mi más sincero agradecimiento a un increíble equipo de personas, entre las que se encuentran Andrea Keegan, Jenny Nugee, Rebecca Darley, Dan Harding y Gillian Northcott Liles, que respaldan a autores de «introducciones breves» y luego les brindan la oportunidad de ofrecer charlas sobre sus obras. Haber participado en el Oxford Literary Festival y el Cheltenham Literary Festival ha sido un gran privilegio para mí, como también lo ha sido ver mi obra traducida a varios idiomas. Gracias.

Mientras escribía material nuevo para la tercera edición, desgraciadamente no han dejado de producirse hechos irritantes o inesperados que merecieran ser tenidos en cuenta: la elección del presidente Trump, la decisión de los británicos de abandonar la Unión Europea, crisis migratorias, luchas indígenas, el cambio climático, diversos conflictos comerciales o en torno a recursos naturales, el renacer de los nacionalismos en todo el mundo, violentas manifestaciones de odio étnico en algunas grandes ciudades, nuevas políticas identitarias, conflictos fronterizos, la ocupación ilegal de territorios o la manipulación informativa por parte de los medios de comunicación.

En cualquier caso, aunque los lectores no estén de acuerdo con mi enfoque, no creo que estemos predeterminados, ni condicionados sin remedio por factores como la ubicación o la geografía física de la Tierra. La geopolítica es siempre aleatoria y dinámica.

Sigo agradecido a mis numerosos colegas (pasados y presentes) del Royal Holloway, Universidad de Londres. Tras veinticinco años, continúa siendo un lugar magníficamente productivo en el que resulta muy gratificante investigar y enseñar. Existe una amplia comunidad de expertos en geopolítica –demasiado amplia para enumerar a todos los que la integran– que actúa como reservorio de una inmensa buena voluntad y de un pensamiento incisivo. Quisiera dar las gracias al profesor adjunto Chih Yuan, de la Universidad de Singapur, por revisar esta tercera edición, y al doctor Alex Jeffrey, de la Universidad de Cambridge, por su respaldo editorial. También quiero dar las gracias al Master and Fellows del St John's College, Oxford, por concederme una beca para el curso académico 2017-2018, pues gracias a ello pude hacer un paréntesis durante un tiempo y debatir asuntos geopolíticos con mi anfitrión, el profesor adjunto Ian Klinke.

Para acabar, sin lectores no habría tercera edición ni traducciones del inglés a otras lenguas. Todos los autores estamos siempre en deuda con los comentarios y las críticas que recibimos, aun cuando vengan de lectores que discrepan de tus opiniones. Gracias.

La tercera edición de este libro sigue dedicada a mi fallecido hijo Theo, por habernos dado tanto durante su breve existencia. Quien haya perdido un hijo sabe lo devastadora y perdurable que es esta sensación de pérdida, y tener a mi lado a mi esposa Carolyn ha sido imprescindible para superar lo peor.

Lista de ilustraciones

1. Geopolítica formal, práctica y popular, pág. 80
2. Sistema consultivo codificado por color sobre el nivel de amenaza, creado por la Seguridad Nacional de los EE.UU., pág. 150
   HSAS Chart. Departamento de Seguridad Nacional de los Estados Unidos. Dominio Público. Wikipedia.
3. Mapa de China que incluye la polémica Línea de los Nueve Puntos, pág. 207
   Naciones Unidas. Dominio público. Wikipedia

El editor y el autor piden disculpas por cualquier error u omisión en la lista anterior. Si se establece contacto con ellos, los subsanarán con sumo gusto a la menor oportunidad.

1
¿Qué es la geopolítica?

Un incidente chocante

Comenzaré con un incidente curioso. En marzo de 2018, en la catedral de la ciudad inglesa de Salisbury, se encontró a dos personas inconscientes en un banco del parque. Aparentemente, no había explicación para aquello. Al cabo de unas horas la historia se complicó: él se llamaba Sergei Skripal, y ella Yulla, y era hija suya. El hombre era un agente de inteligencia ruso al que se había concedido la residencia permanente tras haber colaborado con los servicios de inteligencia británicos. Fueron conducidos a un hospital en estado crítico, y la posterior investigación reveló que habían sido envenenados mediante un agente nervioso denominado Novichok. Rusia fue señalada de inmediato como culpable, ya que era uno de los principales productores del agente químico. Por lo visto, el antiguo espía y su hija habían sido objeto de un intento de asesinato. Cabe destacar que, después de recibir tratamiento especializado durante un mes, ambos sobrevivieron. No hubo ningún asesinato cerca de la catedral, si bien en otro lugar, más adelante, murió una víctima accidental del envenenamiento (Dawn Sturges).

El incidente del envenenamiento de 2018 nos dice algo interesante sobre nuestro tema de discusión: la geopolítica. Tuvo lugar en una ciudad británica. Si el Kremlin había autorizado el ataque, se trababa de una indudable violación de la soberanía territorial del Reino Unido. Esto seguía al evidente asesinato del exespía ruso del KGB/FSB Alexander Litvinenko, en Londres, en 2006. Como consecuencia de aquello, las relaciones entre el Reino Unido y Rusia quedaron muy tocadas, y el asunto Skripal solo confirmó esa tendencia negativa. Lejos de Salisbury, Londres alberga una comunidad de emigrados rusos riquísimos, con sus correspondientes carteras de inversión, algunas de las cuales Rusia considera que son «dinero robado». Rusia y el Reino Unido discuten sobre lo que es verdad y lo que es mentira. Se lanzan acusaciones mutuas. Se culpan el uno al otro de entrometerse en sus asuntos internos.

Esto nos sirve como claro recordatorio de que la vida humana, los lugares y los objetos como el veneno o el dinero son esenciales para el funcionamiento de la geopolítica. Los lectores de cierta edad acaso recuerden el envenenamiento de un disidente búlgaro, Georgi Markov, en Londres, por los servicios secretos de su país en 1978. Markov murió a causa de un veneno administrado por un paraguas reutilizado. El asesinato de Markov en el centro de Londres se produjo durante la Guerra Fría. Cuando hablamos del envenenamiento de Salisbury de 2018, algunas cuestiones geográficas siguen siendo confusas: ¿Cómo fue transportado el veneno a la ciudad? ¿Quién hizo el pedido y dónde? ¿Cómo entraron y salieron de la escena del crimen los agresores? Algunas de estas preguntas obtuvieron respuesta en las semanas y los meses siguientes. Se consideró responsables a dos agentes rusos de inteligencia militar.

Así pues, esta es la pregunta: ¿Por qué la geopolítica ahora? Estamos en un mundo muy distinto del de la década de 1990, cuando algunos pronosticaban el fin de las geopolíticas competitivas/belicosas. Nunca nos había ido tan bien. La difusión universal de la democracia, el triunfo del capitalismo y la globalización cultural iban a volverlas obsoletas. Estaba previsto que la Unión Soviética y China, últimos reductos del comunismo, llevaran a cabo una transición (y les fuera reasignada una identidad capitalista y democrática). El «fin de la historia» había llegado. Demos la bienvenida, nos decían, al mundo feliz de la «geo-economía» y de las oportunidades de creación de riqueza del capitalismo global neoliberal. La transición no llegó a ser tan completa como se esperaba, aunque en China y otros países han tenido lugar mejoras sustanciales en la generación y el reparto de riqueza.

En el caso de Rusia, el impacto del neoliberalismo provocó un cambio rápido con beneficios espectaculares para algunos empresarios y funcionarios con buenos contactos. A los ciudadanos de a pie les fue de manera dispar.

Más recientemente, el atentado contra el World Trade Center el 11 de septiembre de 2001 y la guerra contra el terror sacudieron esa predominante confianza occidental en el «fin de la historia» y el «fin de la geografía». Los países occidentales acabaron involucrados en sus propias guerras, en programas de vigilancia masiva y en operaciones antiterroristas. A partir de 2007-2008, la crisis económica consolidó aún más cierta sensación de desconcierto. En 2014, el escritor norteamericano Walter Mead dijo a sus lectores de

Foreign Affairs que «la geopolítica ha vuelto». Rusia, China, Irán y Corea del Norte estaban poniendo en entredicho el orden internacional liderado por Occidente. De todos modos, creo que este regreso era más impactante debido a una advertencia hecha por Jimmy Carter en julio de 1979. Carter hablaba de una pérdida de confianza en las cualidades del estado democrático liberal que damos por sentadas. Los votantes estadounidenses no querían oír este mensaje, pero unas décadas después parecía captar el final de un dividendo de confianza ligado al período posterior a la Guerra Fría. El contenido de la geopolítica occidental es en la actualidad notablemente más pesimista: por todo el mundo surgen fronteras, vallas y muros.

¿Qué es la geopolítica?

La geopolítica comprende tres aspectos. Primero, tiene que ver con cuestiones de influencia y poder sobre el espacio y el territorio. Segundo, utiliza marcos geográficos para dotar de sentido a los asuntos internacionales. Entre los conceptos geográficos populares se incluyen «esfera de influencia», «bloque», «patio trasero», «países vecinos» y «entorno de países cercanos». Tercero, la geopolítica está orientada hacia el futuro. Ofrece percepciones sobre el comportamiento probable de los países dado que, en esencia, sus intereses son invariables. Los países necesitan obtener recursos, proteger su territorio –incluyendo las zonas fronterizas– y dirigir y controlar a su población. Los presidentes Putin y Trump considerarían que la geopolítica tiene un planteamiento atractivo. Sin embargo, no son los únicos. Populistas, ideólogos, revolucionarios y pensadores antidemocráticos se han sentido atraídos por la sencillez de la geopolítica.

Estos tres aspectos son discutibles. Podemos tener ideas enfrentadas sobre los intereses estratégicos de los países, discutir sobre marcos geográficos o debatir sobre futuros geopolíticos. Esto último puede ser retrógrado y decididamente nostálgico: el anhelo de glorias y triunfos pasados.

Como ayuda para recorrer este laberinto geopolítico, propongo dos maneras fundamentales de entender el término «geopolítica».

En primer lugar, está la geopolítica clásica, que se centra en la relación entre los intereses territoriales y el poder del Estado y los entornos geográficos. Es habitual que los escritores y los estadistas consideren la geografía como algo fijo y determinista, que influye muchísimo en las decisiones de los dirigentes políticos. El presidente francés Charles de Gaulle hablaba incluso del «destino controlador de la geografía».

Después está la geopolítica crítica, que tiende a centrarse más en el papel del discurso y la ideología. Así, en vez de conceptualizar la geografía como determinista, se considera que lo geográfico es algo más fluido y susceptible de interpretación. Si la geopolítica clásica pone el foco en el territorio, los recursos y la localización, los enfoques críticos apuntan al modo en que la interacción de lo humano y lo físico produce «geopolítica».

En esta línea crítica, un trabajo reciente ha subrayado las características más íntimas de la geopolítica y ha dejado claro que la geografía no compete exclusivamente a países y gobiernos. Lo crítico y lo clásico convergen en un punto: ambos admiten que lo geográfico importa; lo que los separa es el cómo, el dónde y el porqué.

Si la geopolítica ofrece efectivamente una manera atractiva de analizar el mundo, a menudo es porque utiliza la simplificación y la objetivación. Los mapas desempeñan su papel; también conceptos-marco populares como «feudo», «eje», «corazón» o «zona fronteriza». Antes de que nos demos cuenta, ya se nos ha dicho que solo necesitamos unos cuantos mapas o marcos para entender el mundo. La geopolítica se nos presenta como una guía fiable para comprender el paisaje global, mediante descripciones geográficas, metáforas y patrones como los enumerados antes, amén de muchos otros a lo largo de las décadas, como «telón de acero», «Tercer Mundo» y/o «estado canalla».

Cada uno de estos términos es por naturaleza geográfico en el sentido de que los lugares (más que los espacios) se identifican y se etiquetan como tales. Esto ayuda a generar un modelo simple del mundo, que se puede usar para asesorar e inspirar las decisiones en materia de política exterior y de seguridad, además de contribuir al debate público sobre cuestiones geopolíticas. Así, imaginamos la geografía como una serie de lugares en los cuales los acontecimientos humanos se despliegan sin más. Esto llega a ser aún más destacable en momentos en que los cambios se suceden con rapidez. Sin embargo, la geografía no es solo tridimensional –la altura y la profundidad importan tanto como el volumen–, sino que también incluye relaciones y escalas. Los lugares no existen en un aislamiento fabuloso.

Geografía: más que «escritura en la tierra»

Otro término que puede ser algo escurridizo es «geografía». Jared Diamond, en su libro superventas *Ar-*

mas, gérmenes y acero (1997), sostenía que, a partir del siglo XV, la supremacía colonial europea se basó en las armas, la transmisión de enfermedades a comunidades que no gozaban de ninguna inmunidad y la sustitución de los barcos de madera por barcos revestidos de acero, aviones, coches y trenes. El dominio imperial está también en deuda con ciertos avances en medicina tropical, infraestructuras y redes comerciales que favorecen la colonización a largo plazo. Aquella labor suscitó muchísimos elogios, pero también críticas por sus generalizaciones simplificadoras y la poca autonomía concedida a los colonizados. No obstante, el colonialismo europeo tuvo un impacto decisivo a la hora de llevar a cabo cambios políticos, económicos y ecológicos globales. A juicio de Simon Lewis y Mark Maslin, ha contribuido a que tengamos un planeta «inequívocamente humano» y acaso a dar inicio al Antropoceno propiamente dicho: el período en que el impacto colectivo de la actividad humana comenzó a alterar el clima de la Tierra.

Los geógrafos hacen hincapié en la relación dinámica entre el ser humano y el entorno, por lo que el papel de la geografía no se reduce, sin más, al tiempo atmosférico y al medio ambiente (como los trópicos o los vientos alisios), algo que los europeos/norteamericanos dominan como parte de sus aventuras coloniales. Tampoco se da por supuesto sin más como una especie de invariable telón de fondo de los asuntos humanos. Durante los últimos 10.000 años, el clima del planeta ha sido notablemente estable, aunque no de manera uniforme. Así pues, cuando pensamos en el elemento «geo» de la geopolítica, parte de nuestro reto consiste en pensar en las diversas formas en que lo geográfico interviene en las cuestiones humanas, y no simplemente quedarse en la conclusión de que las cosas siempre ocurren en algún sitio.

Como da a entender su etimología, cabe considerar la geografía como una «escritura en la Tierra». Una actividad que resalta la capacidad de agentes y organizaciones para describir espacio, ocupar espacio, organizar espacio y crear espacios que constituyen visiones y proyectos particulares. La geografía fue y es esencial para la construcción nacional y la creación del Estado territorial moderno. No obstante, las geografías de la Tierra, incluso en la época moderna, nunca han sido del todo fijas ni estables. Al fin y al cabo, entre 1500 y 1850 tuvimos una «Pequeña Edad de Hielo».

En la medida en que se alteren las relaciones entre el ser humano y su entorno, la geografía es capaz de cambiar. Las inversiones chinas en islas artificiales en el mar de la China Meridional son un buen ejemplo del dragado y la obtención de tierras ganadas al mar que está produciéndose con el propósito expreso de consolidar la presencia nacional excluyendo a los demás. La geografía se está rediseñando. Filipinas, Malasia, Brunei y Vietnam insisten en que China está actuando de manera ilegal. Otros países, como EE.UU., también han mostrado su preocupación por la libertad de navegación en esta región marítima. De todos modos, el resultado final es que China está rehaciendo las geografías física y humana del mar de la China Meridional.

Cuando hablamos de geografías fluidas en vez de fijas, también podríamos señalar el impacto del cambio climático en curso. Si la Tierra sigue calentándose, las geografías física y humana se alterarán, pues debido al ascenso del nivel del mar algunas áreas del mundo se volverán inhabitables, y un mayor número de personas supondrá una mayor demanda de recursos al planeta. Un desafío fundamental de la geopolítica será cómo dotar de sentido al cambio del planeta, amén de las exigencias para explotar fronteras nuevas y emergentes en los océanos, las regiones polares, e incluso Marte y la Luna. Es probable que la comida, la energía y otros recursos como el agua sean más escasos que nunca. La capacidad del globo para albergar vida será puesta a prueba y observada con lupa. Bienvenidos a la geopolítica del Antropoceno.

La geografía también está conectada y tiene escalas, al igual que los cuerpos, los lugares, los objetos y los procesos están unidos en dimensiones locales, nacionales, regionales o globales. Para Susan Smith y Rachel Pain, esta interconectividad trenzada es como una doble hélice. La geografía actúa a modo de cinta elástica. Se puede estirar y contraer. Es posible acercar más a las personas y las cosas en formas de compresión espacio-temporal, pero también distanciarlas.

A lo largo de los años, los geógrafos han utilizado cambios en las redes de comunicación y de transporte para decir algo importante: entre los flujos y los lugares hay relaciones dinámicas. La geógrafa Doreen Massey hablaba de «geometría del poder» para aclarar que los lugares y las personas se hacen y se rehacen de manera desigual y continuada. Al aplicar esto a la globalización, Massey sostenía que los lugares estaban negociando flujos globales de dinero, personas y tecnología mediante diversas redes y relaciones físicas y digitales. No es que la geografía se vea aniquilada, sino más bien que los lugares son moldeados por relaciones espaciales dispares y trayectorias variadas de actividad. Las tecnologías de internet siguen enlazando diferentes espacios, lugares y personas por medio de una serie de actividades, entre las que se incluyen la guerra informática, los grupos de acción ciudadana o el comercio *online*.

Los cambios geopolíticos y tecnológicos no siempre son bienvenidos. Uno quizá desearía estar fuertemente enraizado en geografías e historias pasadas. La rutina burocrática puede desempeñar un papel en la reproducción de visiones y mapas sociopolíticos. En Corea del Sur, durante los últimos setenta años, el gobierno ha mantenido una serie de nombramientos de funcionarios que son gobernadores de provincias, entre las que se cuenta North Hamgyong. Lo curioso de estos nombramientos es que, en realidad, esas provincias están en Corea del Norte y ninguno de los gobernadores ha estado jamás en ninguna de ellas. No obstante, los cinco funcionarios forman parte del Comité de las Cinco Provincias del Norte. Como no está dispuesto a aceptar la legitimidad del gobierno de Corea del Norte, Corea del Sur ha conservado una arquitectura burocrática por si algún día la línea de armisticio de 1953 se modifica en favor de Seúl. Lo más sorprendente es que hay cien alcaldes y casi mil empleados públicos vinculados al comité. Y todos perciben un salario. A los contribuyentes surcoreanos, esto les cuesta unos cinco millones de libras anuales. El comité lleva a cabo una labor cultural y estadística, pero tiene prohibido establecer contacto directo con el Norte.

Por último, la geografía está poblada por actores humanos y no humanos que tienen su función en el modelado de los encuentros geopolíticos. Recursos móviles como las reservas pesqueras constituyen un útil recordatorio de cómo un recurso de este tipo, no limitado a ningún espacio fijo, genera su propia serie de presiones para quienes pretenden controlarlo. Para los pueblos indígenas del Ártico, el acceso a las focas, los osos polares, las ballenas y los renos es fundamental para el bienestar de la comunidad, y cualquier interferencia de los Estados y las grandes empresas puede perjudicarles. La banquisa y el permafrost son infraestructuras esenciales. De repente, la geopolítica se convierte en algo muy personal cuando hay proyectos de infraestructuras energéticas o programas de inversión militar que entorpecen las cosechas tradicionales de subsistencia. Y cuando los Estados y los gobiernos se implican efectivamente en proyectos militares y de seguridad, el impacto es variado no solo en el conjunto del espacio, sino también en el modo en que afecta a los individuos. No sentimos ni experimentamos la «geopolítica» del mismo modo: de ahí la idea de Massey sobre la geometría del poder con respecto al lugar.

En la geopolítica del Antropoceno, hay geometrías del poder que se hacen notar en la atmósfera, la biosfera, la litosfera y la hidrosfera. A medida que el mundo sigue calentándose y experimentando más cambios climáticos y ambientales, cabe suponer que haya cada vez más presión sobre los entornos aptos para la vida humana. Mantenerse fresco y seco tal vez acabe siendo en el futuro un importante factor geopolítico.

Defensa de una geopolítica crítica

Esta *Breve introducción* a la geopolítica es a todas luces crítica en cuanto a su naturaleza y su alcance. No se basa en el determinismo medioambiental: no somos esclavos de la geografía. Tim Marshall, en su *Prisioneros de la geografía: todo lo que hay que saber sobre política global a partir de diez mapas*, promete explicarlo «todo» con diez mapas. La geopolítica clásica encarna esta confianza en que somos capaces de simplificar la geografía y la historia global mediante unos cuantos mapas bidimensionales.

Dotar de un sentido crítico a la geopolítica significa que es necesario algo más. Es improbable que diez mapas basten. El motivo es que los mapas bidimensionales se quedan a medias a la hora de reconocer que vivimos en un planeta esférico en el que la profundidad, la altura y el volumen influyen mucho en el modo en que nosotros y los demás vivimos y trabajamos. Además, si nos limitamos a diez mapas, corremos el peligro de privilegiar a los ricos, los poderosos y los principales actores del mundo.

Veamos un ejemplo. ¿Por qué no hablamos de «geopolítica indígena» en vez de centrarnos en la geopolítica de las grandes potencias? La geopolítica indígena hace referencia a la manera en que las comunidades indígenas imaginan, se movilizan e interaccionan con el mundo exterior. Estados Unidos reconoce los derechos de los pueblos indígenas (la Declaración de las Naciones Unidas sobre los Derechos de los Pueblos Indígenas sería un ejemplo), y estados colonos como Australia y Canadá han firmado acuerdos y llegado a arreglos políticos concebidos para admitir pasadas injusticias cometidas con estos pueblos, así como para reconocer sus derechos y autonomía cultural. Aunque la situación no es simple, en algunos casos las comunidades indígenas tienen un territorio considerable y cuentan con capacidad jurídica para desarrollar sus propias estrategias políticas, económicas y culturales, entre ellas colaborar con instituciones internacionales.

Los indígenas no son los únicos actores geopolíticos. La geopolítica está situada dentro de contextos cotidianos. Todos somos productores y consumidores geopolíticos. La geopolítica se materializa y se experimenta, unas veces de forma dramática, otras de forma discreta. Es algo donde los objetos (por ejemplo, las banderas nacionales) y las fuerzas y los actores no humanos (por ejemplo, el clima extremo, como «la Bestia del Este») nos dan pistas sobre cómo dar sentido a nuestro mundo natural y humano. En el Reino Unido, el tiempo atmosférico extremo procede del este, y el suave, del oeste. En mi léxico prefiero hablar de imaginarios, lugares y espacios, más que de «hechos geográficos». Prefiero un enfoque que no se centre en estados definidos desde el punto de vista territorial, en grandes potencias, ni en agentes particulares como los presidentes y los primeros ministros.

Si lo hacemos, corremos el riesgo de perdernos muchas cosas. Dejamos de lado el papel de distintos agentes humanos y no humanos, incluyendo a los animales, las plantas, el clima o las ecologías. También podríamos subestimar la multiplicidad de los lugares geopolíticos disponibles para ser investigados, entre ellos el hogar y la vida cotidiana. Por último, y en virtud de lo anterior, hemos de garantizar que una geopolítica crítica no se limite a hablar de los intereses de los poderosos allí donde estén localizados. Necesitamos más de diez mapas, y los necesitamos de diversos tipos.

Vinculación de la geopolítica a la cultura popular

La geopolítica es multifacética, multiescalar y multimedia. Se manifiesta a sí misma en tertulias televisivas, editoriales de periódico, opiniones en las redes sociales o llamadas telefónicas a programas de radio. Además, es popular en el sentido de que nos topamos con ella y la experimentamos en nuestra vida cotidiana. Por ejemplo, ¿por qué la adaptación a la televisión de *El cuento de la criada*, de Margaret Atwood, ha tenido tanto éxito de audiencia? Podríamos llegar a la conclusión de que hay un conjunto de recursos y métodos que nos hablan de geopolítica. Menciono a Atwood porque mis fuentes geopolíticas favoritas son las películas, las series televisivas y las novelas.

Otra clase de geopolítica popular podría estar escondida y pasar a ser comentada solo cuando la cultura popular y los medios realizan su labor de exponerla a un mayor escrutinio público. Aunque la película *Enemigo público* (1998) lo imaginó años atrás, Edward Snowden, antiguo empleado de la Agencia de Seguridad Nacional (NSA, por sus siglas en inglés), sacó espectacularmente a la luz un mundo en el que algunos países, como Estados Unidos y el Reino Unido, espían, con la ayuda y la implicación de los proveedores de servicios de internet y diversas empresas de comunicación, a sus propios ciudadanos y otras personas de todo el planeta. En 2013, la salida de Snowden desde Hawái hacia Hong Kong para llegar finalmente a Moscú fue noticia de portada y quedó de manifiesto que la geopolítica y la seguridad estaban siendo moldeadas por el análisis encubierto de fuentes de macrodatos. Gracias a filtraciones a los diarios, los ciudadanos descubrieron la existencia de unas diapositivas de Microsoft Power Point que explicaban la escala y el alcance de algo denominado PRISM. El PRISM (creado en 2007) es un enorme programa de exploración de datos gestionado por la NSA, ubicada en Fort Meade, en el estado de Maryland. Según Snowden, la actividad de la agencia era muchísimo más amplia de lo que los norteamericanos habrían podido llegar a sospechar, y se había ordenado a las empresas de comunicaciones que entregasen detalles de llamadas telefónicas y por internet, así como historiales de búsquedas de los clientes.

En 2016 se estrenó una película dirigida por Oliver Stone, *Snowden*, que tuvo reseñas de distinto signo, pero que en cualquier caso abordaba el vínculo entre la inteligencia militar y la vigilancia, que, si bien se creó durante la Guerra Fría, se intensificó tras el 11/9. Las revelaciones de Snowden dan a entender que es difícil establecer dónde empiezan y dónde terminan las categorías «popular» y «élite». Cuando se conoció la historia de Snowden, los comentaristas políticos hablaban de películas como *Enemigo público* para intentar transmitir lo que estaba en juego en lo relativo a la vigilancia y los lugares y espacios debido a ese entramado militar, industrial y de comunicaciones. Así pues, diversos artefactos culturales populares ayudaron a formar conocimientos de geopolítica. Por su parte, la filtración del PRISM provocó una serie de incidentes diplomáticos al tiempo que varios aliados de EE.UU., como Australia, Brasil, Israel y el Reino Unido, se veían obligados a rechazar acusaciones de complicidad por haber espiado a sus propios ciudadanos en nombre de la guerra contra el terror (véase el recuadro 1).

> ### Recuadro 1. Un héroe chino de acción: Leng Feng
>
> En 2017, se estrenó una película china de acción titulada *Wolf Warrior II*. Era una secuela de *Wolf Warrior*. Protagonizada por el conocido director y estrella del cine Wu Jing, junto a un reparto de actores chinos y norteamericanos, el filme sigue las andanzas de un soldado chino de las fuerzas especiales (Leng Feng) que actúa en todas partes del mundo. Los espectadores occidentales detectarán muchas semejanzas con películas rodadas por actores de acción de la década de 1980, como Arnold Schwarzenegger o Sylvester Stallone. La importancia de la película *Wolf Warrior II* reside en dos aspectos. Primero, fue popularísima en China: superó todos los récords de taquilla chinos y en 2017 fue la séptima película más vista en todo el mundo. Segundo, el argumento gira básicamente en torno al poder militar chino: soldados chinos cruzan África, y el mundo entero, persiguiendo a traficantes de armas, piratas y mercenarios. Los helicópteros chinos, sus barcos y su armamento avanzado, tienen un papel destacado. Con sus efectos especiales y su hábil filmación de los combates, es un *thriller* de acción en toda regla. En un cartel promocional de la película, Leng Feng aparece junto a la afirmación: «Cualquiera que ofenda a China, por lejos que esté, debe ser exterminado».

Puede que el tercer tipo de geopolítica popular sea populista. Puede que sea popular para unos e impopular para otros. Un buen ejemplo es el mantra «que Estados Unidos vuelva a ser una gran nación» del presidente Trump. Para que Estados Unidos recupere su grandeza, ha de asegurar sus fronteras, limitar la inmigración, proteger los empleos norteamericanos, y lograr que el orden internacional relativo al comercio y la seguridad no sea una carga exclusiva de Estados Unidos. Para muchos partidarios de Trump, la idea de un «país seguro» era atractiva (tanto, que vuelve veniales los pecadillos presidenciales). Trump no está solo. Otros partidos políticos y grupos como el Movimiento Cinco Estrellas de Italia o los simpatizantes del Brexit del Reino Unido también han movilizado ideas geopolíticas populistas, y lo han hecho de manera vehemente y exaltada. La geopolítica populista gira en torno al modo en que el Estado gestiona sus asuntos económicos y la inmigración a costa de «la gente».

En este libro, el término «geopolítica popular» se utiliza para mostrar representaciones y prácticas políticas que conectan con las estructuras e instituciones formales que elaboran la política global, algunas de las cuales pueden ser popularizadas y otras populistas. En otras palabras, ciertas consignas del Brexit como «recuperar el control», que tanto se repitieron en el referéndum de 2016 para que el Reino Unido abandonara la UE, apuntalan una geopolítica populista. Para los defensores de la salida, abandonar la UE permitiría al Reino Unido recuperar su soberanía y el control de sus fronteras.

2
¿Veneno intelectual?

En 1954, el geógrafo norteamericano Richard Hartshorne arremetió contra la geopolítica calificándola de «veneno intelectual». Durante la Segunda Guerra Mundial había trabajado en la Oficina de Servicios Estratégicos (precursora de la Agencia Central de Inteligencia) y ayudado a generar inteligencia geográfica para el ejército norteamericano. Hartshone, como otros expertos geógrafos antes que él –por ejemplo, Isaiah Bowman–, calificaba la geopolítica de intelectualmente fraudulenta, empíricamente distorsionada, ideológicamente sospechosa y contaminada por su relación con el nazismo (y otras variantes del fascismo, incluidas la italiana y la japonesa) y sus políticas asociadas de genocidio, racismo, expansionismo y dominación.

Dadas estas duras acusaciones, quizá no sorprenda que muchos geógrafos de Estados Unidos y de otros lugares, ente ellos la Unión Soviética, no estuvieran dispuestos a meterse en el terreno intelectual. Al cabo de cincuenta años de sus inicios formales (y hay una prehistoria de la acuñación del término «geopolítica», que incluye a escritores del siglo XIX como Friedrich List), por tanto, seguía siendo condenada por un grupo de geógrafos y, lo que es más importante, por escritores que colaboraban habitualmente con publicaciones norteamericanas como *Reader's Digest*, *Life* o *Newsweek*. Así pues, afirmar que la geopolítica ha tenido una historia intelectual azarosa sería quedarse corto.

¿Por qué la geopolítica despertó de entrada este rechazo? En noviembre de 1939, La revista *Life* publicó un artículo sobre el geógrafo alemán Karl Haushofer, al que se describía como el «gurú de la geopolítica». Según el artículo, la geopolítica, como práctica científica, no solo daba al nazismo un sentido de racionalidad estratégica, sino que también investía al nacionalsocialismo de una forma de pseudoespiritualidad. Ambos aspectos fueron importantes a la hora de influir en las actitudes públicas y académicas hacia esta cuestión. Por un lado, la geopolítica era condenada como actividad fraudulenta que no merecía la atención de los expertos serios, pero por otro los críticos le concedían capacidades extraordinarias para diseñar estrategias y visualizar recursos y territorios globales. En consecuencia, el uso del término «gurú» no era del todo inocente, precisamente porque transmitía la idea de que el nazismo estaba dotado de un espíritu sobrenatural y de una finalidad malvada.

En otoño de 1941, el *Reader's Digest* alertó a los lectores de que al menos mil científicos más estaban intelectualmente preparados y listos para reforzar la imaginación geopolítica de Hitler y el *Volk* (pueblo) alemán. Frederick Sondern, que escribía para el *Reader's Digest* y el *Current History*, ambos de gran tirada, describió una misteriosa organización ubicada en Múnich, denominada Instituto de Geopolítica, cuyo propósito era ultimar los planes de Hitler para dominar el mundo. El autor se mostraba alarmado ante el hecho de que hubiera tan pocos norteamericanos, incluso ciudadanos alemanes, al corriente de la existencia de esos genios geopolíticos y sus intrigas estadísticas y cartográficas.

Fue tal la preocupación por ese sombrío instituto y los poderes extraordinarios atribuidos a la geopolítica alemana, que el presidente Roosevelt encargó una serie de estudios académicos sobre el asunto. Aunque esos expertos no estaban muy convencidos de que hubiera mil científicos y técnicos al servicio de Hitler, coincidieron en que la geopolítica estaba procurando músculo intelectual al gobierno alemán en lo relativo a invasión, expulsión y asesinatos masivos. Lo que hacía la acusación de complicidad aún más dura era que algunos de los principales autores, como Haushofer, estaban estrechamente relacionados con el régimen nazi. Esta fusión entre la academia y el ámbito del gobierno era crucial para añadir más credibilidad a la denuncia de que la geopolítica era insolvente desde el punto de vista ideológico y sospechosa desde el punto de vista moral.

Cuando hubo terminado la Segunda Guerra Mundial, la geopolítica permaneció ampliamente condenada como sierva del nazismo, y toda una generación de especialistas de la posguerra decidió omitirla sin más de sus discusiones y sus libros de texto sobre geografía política. Cuando el geógrafo afincado en Norteamérica Lalis Kristof (padre del columnista del *New York Times* Nicholas Kristof) intentó recuperar el término en Estados Unidos a principios de la década de 1960, sus colegas le censuraron y reprendieron por usar siquiera el término «geopolítica» en letra impresa. La geopolítica, como término y marcador de terreno intelectual, arrastraba una pesada mochila.

Orígenes de la «ciencia» de la geopolítica

Para entender la alarma y la indignación de los críticos norteamericanos de la década de 1940 y más allá, hace falta evaluar plenamente la génesis de la geopolítica como concepto intelectual. Acuñado en 1899 por un profesor sueco de ciencia política, Rudolf Kjellén, a menudo se ha utilizado para hacer referencia a un enfoque duro o más realista de la política internacional, que hace especial hincapié en el papel del territorio y los recursos en la idiosincrasia de los Estados. Esta «ciencia» de la geopolítica planteaba «leyes» sobre política internacional basándose en los «hechos» de la geografía física global (la disposición de los mares y los continentes, la división de los países e imperios entre potencias marítimas y terrestres). Reaccionando contra lo que él percibía como un enfoque demasiado legalista de los países y los conflictos que los enfrentaban, la introducción de la geopolítica científica en los ámbitos académico y gubernamental en las décadas de 1890 y 1900 fue oportuna.

Como palabra compuesta, la geopolítica suscitó interés porque insinuaba novedad: pretendía investigar lo que a menudo pasaba inadvertido sobre las dimensiones geográficas de los países y cómo esto influía en su posición en la política mundial. Más adelante, Kjellén pasó a ser un miembro conservador del parlamento sueco y fue muy conocido por sus incisivas opiniones sobre el nacionalismo sueco y los planes en política exterior.

La afirmación de novedad es un poco engañosa, pues ayuda solo en parte a explicar por qué la geopolítica llegó a ser un término atractivo y despertó un efervescente interés intelectual en toda la Europa continental. ¿Acaso la geopolítica no era una reformulación académica del siglo XX de antiguas formas de valorar los Estados y los gobiernos que antes, durante los siglos XVIII y XIX, cobraban cuerpo en los ministerios de asuntos exteriores o de defensa en lugar de en las aulas universitarias? En todo caso, había otros contextos intelectuales en los que se analizaba la importancia de la geografía en la conformación de las relaciones políticas internacionales. El escritor alemán Friedrich Rich es un buen ejemplo de esta clase de implicación. En su *The National System of Political Economy* (publicado por primera vez en 1841), daba consejos a los estadistas alemanes sobre la importancia de los factores geográficos (por ejemplo, los accesos de un país a rutas marítimas y terrestres, la capacidad de expansión territorial, la abundancia de recursos). Sara O'Hara y Mike Heffernan han mostrado que las ideas asociadas a esta geopolítica emergente fueron en gran medida prefiguradas en documentos gubernamentales y conjeturas de la prensa. Aunque la geopolítica surgió como respuesta a preocupaciones concretas de finales del siglo XIX, tal vez suponga más un acto de colonización académica (en una época de gran expansión de la universidad en el Reino Unido y la Europa continental) de una actividad previamente llevada a cabo fuera de la academia.

Tres factores contribuyeron al establecimiento de la geopolítica como tema diferenciado. En primer lugar, el nacionalismo económico y el proteccionismo comercial estaban en auge cuando los países imperiales europeos, como Francia y Gran Bretaña, agonizaban ante la naturaleza cambiante y cada vez más interconectada de la economía global. El ascenso de Estados Unidos como potencia comercial provocó más inquietud entre esas potencias europeas. Segundo, entre mediados y finales del siglo XIX, las potencias imperiales realizaron una búsqueda agresiva de nuevos territorios en África y otros lugares. Mientras la acumulación imperial iba en aumento, las potencias europeas se enfrentaron entre sí por la propiedad y el acceso a esos territorios coloniales. El Reino Unido y Francia estaban enredados en esas hostilidades en el norte de África, mientras que en Asia Central era con Rusia con quien el Reino Unido pasaba el tiempo dándose y esquivando golpes. El célebre escritor geopolítico británico Halford Mackinder describió la nueva era como «postcolombina», en el sentido de que el período de exploración y colonización iniciado con la llegada de Colón a las Américas en la década de 1490 había terminado. Además, países como el Reino Unido y Alemania empezaron a rearmarse, lo que suscitó el temor de que el conflicto pudiera materializarse en Europa y no únicamente producirse en colonias lejanas en poder de europeos (véase recuadro 2). Por último, el crecimiento de las universidades y el establecimiento de la geografía como disciplina académica crearon nuevas oportunidades para que los expertos dieran clases a investigaran sobre el tema. El supuesto estatus científico de la geopolítica fue importante para avalar reivindicaciones de legitimidad intelectual y pertinencia política.

El papel de Estados Unidos en cuanto a influencia geopolítica y económica complicó más estos primeros análisis geopolíticos de Europa y sus avanzadillas imperiales. Tal como opinaba el observador contemporáneo Frederick Jackson Turner, la frontera americana estaba en el proceso de «cierre» mientras la expansión continental llegaba a su culminación natural. A finales de la década de 1890, tras la compra de Alaska a Rusia en la década de 1860, el imperio norteamericano encapsuló los territorios de Cuba, Filipinas y Puerto Rico. En su *The Influence of Sea Power upon History 1660-1783*, el almirante Thomas Mahan brindaba sensatos consejos a la administración de Theodore Roosevelt. Como había sido en otro tiempo presidente del Naval War College, Mahan estaba en buenas condiciones para contribuir al pensamiento estratégico de EE. UU. Recordando la rivalidad naval anglo-francesa de los siglos XVII y XVIII, Mahan recomendaba que la adquisición de poder naval fuera el factor más importante en la determinación de la capacidad geopolítica de un país. El poder marítimo era la «niña de los ojos» de la mentalidad expansionista, y unos Estados Unidos expansionistas deberían ser capaces no solo de proteger su poder a lo largo de los inmensos océanos Atlántico y Pacífico, sino también tener la capacidad de disuadir y/o derrotar a cualquier otro adversario. Según Mahan, la principal amenaza estaba en los imperios alemán y ruso y sus ambiciones marítimas. Más adelante, su obra fue traducida y leída con gran entusiasmo en Alemania y tuvo su importancia en la elaboración del pensamiento geopolítico alemán en las décadas de 1920 y 1930, sobre todo en el desarrollo de la teorización panregional.

Recuadro 2. Novelas sobre invasiones y anhelos geopolíticos

La novela de invasiones fue un género histórico que alcanzó una popularidad considerable entre la década de 1870 y 1914. Una de las más destacadas fue *The Battle of Dorking*, de George Chesney, un relato sobre una invasión ficticia de Inglaterra por parte de las fuerzas armadas alemanas. Otro ejemplo sería *El enigma de las arenas*, de Erskine Childers. En esta obra, dos británicos que han salido a navegar de paseo evitan una invasión alemana tras toparse por casualidad con una flota secreta de barcazas invasoras. En 1914, se habían publicado más de cuatrocientos libros acerca de hipotéticas invasiones a cargo de potencias extranjeras. Su popularidad debe mucho al *Zeitgeist* asociado a la rivalidad anglo-germana, el rearme y la competencia colonial en África y el Mediterráneo. En consecuencia, aumentó el miedo generalizado tanto a los «extranjeros» como a las redes alemanas de espionaje.

Las novelas sobre invasiones también fueron muy populares en Japón. Aparecieron hacia 1904, en la época en que los japoneses se enfrentaron a los rusos por el dominio del este de Asia. En Estados Unidos, H. Irving Hancock escribió sobre una invasión de fuerzas alemanas y la ocupación del litoral del Nordeste. Al final, las fuerzas norteamericanas rechazaban a los atacantes.

Al principio, los escritos de Kjellén despertaron un rápido interés entre los especialistas alemanes, quienes exploraban con detalle la relación entre política y geografía en una gran variedad de escalas geográficas. En parte, este movimiento de ideas debe mucho a la proximidad geográfica y al intercambio entre expertos alemanes y escandinavos. Los escritores alemanes estaban, como Kjellén, muy interesados en conceptualizar el Estado con arreglo a sus necesidades territoriales y de recursos. Inspirada por ciertas variantes del darwinismo social, la pugna entre los Estados y sus creadores humanos se acentuó, como sucediera con la necesidad de garantizar la supervivencia de los países y los pueblos «más aptos». Según Friedrich Ratzel, profesor de geografía en la Universidad de Leipzig, el Estado debía ser entendido como un superorganismo que existe en un mundo caracterizado por la lucha y la incertidumbre. Formado en ciencias naturales y familiarizado con el legado intelectual vinculado a Charles Darwin y Jean-Baptiste Lamarck, Ratzel creía que el Estado era una fuerza geopolítica enraizada en el entorno natural y moldeada por este. Para prosperar, e incluso para simplemente sobrevivir, en estas duras circunstancias los Estados necesitaban adquirir territorio y recursos.

En su libro *The Sea as a Source of the Greatness of a People*, Ratzel consideraba que la tierra y el mar eran proveedores de oportunidades a la vez que caminos físicos para la expansión territorial y la eventual consolidación de las naciones. Un Estado fuerte y floreciente nunca estaría satisfecho con los límites existentes y trataría de expandirse territorialmente y asegurarse un «espacio vital». Los Estados rivales también buscarían espacios así, por lo que, según Ratzel, cualquier país entraría en un ciclo incesante de crecimiento y declive. La búsqueda de un espacio vital era, en efecto, una ley geopolítica fundamental e inmutable: literalmente, algo irremediable. Como era de esperar, Ratzel era un apasionado defensor del imperio alemán y de la creación de una armada fuerte capaz de proteger los intereses del país en ultramar.

También para muchos otros escritores, la experiencia histórica y la ubicación geográfica de Alemania en el centro de Europa era tanto una bendición como una maldición: el país tenía la capacidad para dominar el continente europeo, pero también era víctima de pérdidas territoriales y desgracias. Tal como señaló Michel Korinman en 1990, Alemania era «una tierra de geógrafos» y contaba con algunas de las primeras facultades universitarias de prestigio dedicadas a enseñar geografía. En vísperas de la Primera Guerra Mundial, diversos geógrafos alemanes, como Naumann y Partsch, propugnaban una alianza con el imperio austro-húngaro y una fuerte presencia naval a fin de ampliar sus objetivos comerciales y su expansión territorial. Con la derrota de 1918, todos comprendieron de golpe que probablemente esas ambiciones no se satisfarían en el futuro inmediato. La Conferencia de Paz de 1919 y el devastador acuerdo territorial y económico contenido en el Tratado de Versalles sembraron las semillas del rencor. Cuando en el período de entreguerras se recuperaron las ideas de Ratzel, algunos geógrafos franceses, como Paul Vidal de la Blache, mostraron su miedo a que esas ideas relativas al Estado como superorganismo pudieran llevarse a la práctica para justificar una Alemania renaciente, resuelta a vengarse de su desmembramiento territorial y étnico.

En otras partes de Europa, diversos geógrafos y jefes militares estaban asumiendo ciertas ideas geopolíticas que relacionaban con un debate más amplio sobre el colonialismo, la regeneración nacional o la misión imperial. En Portugal, por ejemplo, la aparición del régimen de Salazar a principios de la década de 1930, desató exhibiciones y compromisos públicos con la misión de Portugal con respecto al mundo más amplio de habla portuguesa. En Italia, surgió una revista, *Geopolitica*, para promover la discusión sobre las ambiciones geopolíticas italianas en el Mediterráneo y África. En ambos países, se divulgaron nuevos mapas en libros escolares de texto y murales públicos con la finalidad de aleccionar a los ciudadanos acerca de las aspiraciones geográficas de su país. En España, el debate geopolítico se centró en las ambiciones coloniales españolas en el norte de África; por su lado, el gobierno estaba, en consecuencia, ansioso por ampliar su poder militar. A diferencia de Alemania, los planes geopolíticos ibéricos tenían más que ver con territorios coloniales que con remodelar el mapa de la Europa continental.

Cuando los temores relativos al resurgimiento militar alemán demostraron ser fundados, el escritor geopolítico británico Mackinder propuso una alianza oceánica con Estados Unidos para contrarrestar cualquier posible alianza entre Alemania y la nueva Unión Soviética. Sugerida en 1924, se suele considerar una de las primeras iniciativas para la alianza estratégica, que más adelante, en abril de 1949, se materializaría en la Organización del Tratado del Atlántico Norte (OTAN). Aunque, durante la Guerra Fría, Alemania Occidental fue un importante aliado de Estados Unidos y el Reino Unido, el discurso geopolítico alemán de entreguerras se había centrado más en la recuperación y el crecimiento territorial, así como en la hegemonía cultural.

Geopolítica y nazismo

La geopolítica atrajo y sigue atrayendo la atención de ideólogos y populistas, y en las décadas de 1920 y

1930 los medios de comunicación facilitaron la difusión de ciertos mensajes. El elemento más polémico de la historia de la geopolítica del siglo XX está ligado a su presunta vinculación con el nazismo y los planes de Hitler de dominación global. La idea de que un Estado fuera como un superorganismo y que además necesitara «espacio vital» (*Lebensraum*) procuró un telón de fondo peligroso a las ideas con implicaciones geopolíticas del período de entreguerras.

De entrada, la idea del Estado como organismo alentó una visión del mundo centrada en cómo preservar el propio interés nacional en un entorno ultracompetitivo en el que había otros países codiciosos. Dado lo que hay en juego, el mantenimiento del organismo llega a ser crucial, y hay que enfrentarse con contundencia a todo aquello que amenace su integridad y su prosperidad. Desde el punto de vista interno, por tanto, los que controlan el Estado han de estar alerta. En el aspecto externo, se dice que la fortuna del Estado depende de la implacable adquisición de territorios y recursos. Esta forma de pensar tiende de nuevo a fomentar una concepción del mundo que inevitablemente valora positivamente una fuerza militar bien preparada y dispuesta a actuar cuando surja la necesidad (una idea que sería adoptada con gran entusiasmo en otras partes del mundo, sobre todo en los regímenes militares latinoamericanos posteriores a 1945). También favorece un desapego moral, pues se considera que estos escritores están simplemente informando sobre ciertas realidades geográficas que no se ven afectadas por la intervención política y social.

Según los críticos, los nazis como Rudolf Hess e incluso Adolf Hitler utilizaron percepciones y perspectivas geopolíticas para fomentar y legitimar el expansionismo alemán en las décadas de 1930 y 1940 a costa del sufrimiento de comunidades étnicas en el seno de Alemania (siendo la más obvia la judía) y lo que el historiador norteamericano Timothy Snyder denomina las «tierras de sangre» de Europa Central y Oriental, en especial Polonia y Ucrania.

Esta relación entre geopolítica y nazismo sigue siendo muy discutida y se basa, en parte, en una doble asociación. Por un lado, esta asociación se refiere a una conexión intelectual y –lo que es más significativo–, por otro lado, se refiere un vínculo personal entre algunos geógrafos alemanes destacados y algunos nazis de alto rango. Hitler y sus adjuntos, como Himmler y Hess, se valían de marcos geopolíticos para legitimar el racismo, la adquisición territorial y el antisemitismo criminal, mientras Alemania se imaginaba bajo el asedio de fuerzas hostiles.

En el núcleo de esta acusación concerniente a las conexiones políticas entre geopolítica y nazismo están los escritos y las redes sociales del profesor Karl Haushofer. Nacido en 1869, ingresó en el ejército alemán, del que se retiró en 1919 con el rango de mayor general. Durante ese período de servicio militar, fue enviado a Japón a estudiar sus fuerzas armadas. Mientras estaba en comisión de servicio (1908-1910), Haushofer aprendió japonés y desarrolló un vivo interés por la cultura japonesa. Sus contactos con militares y geógrafos japoneses fueron decisivos para facilitar la aparición, en las décadas de 1920 y 1930, de institutos geopolíticos japoneses como la Asociación Japonesa de Geopolítica o la Escuela de Geopolítica de la Universidad de Kioto. Haushofer fue, y sigue siendo, una destacada influencia intelectual en el desarrollo de la geopolítica no solo en Alemania y Japón, sino también en Sudamérica, donde su obra fue traducida al español y al portugués y ampliamente utilizada por las fuerzas armadas de países como Argentina, Brasil o Chile.

Tras dejar el ejército, Haushofer pasó a ser profesor de geografía en la Universidad de Múnich, y a mediados de la década de 1920 inició la publicación del *Journal of Geopolitics* (*Zeitschrift für Geopolitics*). Como en el caso de su predecesor Ratzel, Haushofer (que de niño conoció a Ratzel) creía que la supervivencia alemana dependería de una valoración lúcida de las realidades geográficas de la política mundial. Si el Estado quería no solo sobrevivir sino también prosperar, la adquisición de «espacio vital», sobre todo en el Este, era algo fundamental y además alcanzable con la ayuda de aliados potenciales como Italia y Japón. A corto y medio plazo, un acuerdo con la Unión Soviética era también algo juicioso, pues permitiría a ambos países consolidar sus posiciones respectivas en la masa terrestre euroasiática. Para que Alemania fuera próspera, sus líderes, a juicio de Haushofer, debían tomar en consideración cuidadosamente cinco elementos esenciales que están en el núcleo del proyecto del Estado para ser una potencia mundial: ubicación física, recursos, territorio, morfología y población. Si Alemania quería ser un estado «que se salta los límites» en vez de estar «limitado por el espacio», debía entender el problema y movilizar su potencial territorial y sus recursos.

Además, Haushofer fomentó una teoría de las panregiones, según la cual Alemania y otros países poderosos, como Japón, tenían que crear sus propias zonas económicas y geográficas de influencia, libres de injerencias mutuas. Para que Alemania dominara parte de la masa continental euroasiática, era esencial un pacto con la Unión Soviética, pues este había sido el *modus operandi* de Gran Bretaña, cuyo control sobre África era comúnmente aceptado. Para la puesta en práctica de sus razonamientos, Haushofer miraba sobre todo hacia el Este; por otro lado, era un entusiasta partidario de los planes para construir una vía férrea Berlín-Bagdad, que permitiría a Alemania ampliar su influencia en Oriente Medio y Asia Central. Si se hubiera hecho realidad, el ferrocarril habría facilitado el acceso a importantes reservas de petróleo y (como temían los británicos) habría supuesto una plataforma para desestabilizar el comercio con Asia. Aunque en 1919 la Conferencia de Paz truncó las ambiciones alemanas para llevar a cabo ese plan, la idea de Haushofer de las panregiones despertó el interés de nacionalistas y empresarios que, con la mirada puesta en el Este, estaban ansiosos por explotar las materias primas existentes en las colonias alemanas de fuera de Europa.

Aunque se ha estimado que, desde el punto de vista intelectual, sus ideas debilitaron el proyecto de Hitler de expansionismo espacial y violencia genocida, la amistad de Haushofer con Rudolf Hess fue innegable, así como su implicación al más alto nivel en las negociaciones germano-japonesas de las décadas de 1930 y 1940. Antes de su nombramiento como secretario privado de Hitler y como delegado en el Partido Nazi más adelante, Hess había sido alumno de Haushofer en la Universidad de Múnich. En su *Mein Kampf* [Mi lucha], Hitler utilizaba términos como *Lebensraum* para explicar su idea de que Alemania necesitaba revocar el Tratado de Versalles de 1919 y buscar un nuevo destino geográfico que incluyera la Europa Central y la Oriental.

De todos modos, entre los dos hombres existe una diferencia clave. A diferencia de Haushofer, a quien preocupaban sobre todo las relaciones espaciales y el Estado orgánico, Hitler hacía hincapié en el papel del pueblo (en su caso, la raza aria) en la determinación del curso de la historia y le geografía. En otras palabras, la obsesión de Hitler con la raza y su odio a los judíos alemanes y europeos no halló ninguna inspiración intelectual en los escritos de Haushofer. Si los dos coincidían en algo, era en que el estado alemán era un superorganismo que precisaba «espacio vital» y territorios asociados. A pesar de sus conexiones con funcionarios nazis, la influencia de Haushofer menguó a finales de la década de 1930 y a principios de la de 1940. Nunca creyó, al igual que muchos nazis, que una camarilla internacional de judíos y comunistas estuviera conspirando para apoderarse del mundo ni respaldó la obsesión de Hitler con que los judíos alemanes gozaran de excesiva influencia y estuvieran perjudicando al país. Tras fracasar en su intento de sojuzgar a la Unión Soviética en 1941, Hitler y los suyos abandonaron la idea de la deportación a gran escala de los judíos alemanes, en vez de lo cual decidieron exterminarlos de forma masiva en la Polonia ocupada.

En 1941-1942, varios intelectuales alemanes emigrantes, como Hans Weigel, Andreas Dorpalen, Andrew Gyorgy o Robert Strausz-Hupé, habían implantado firmemente en la imaginación norteamericana la idea de que la *Geopolitik* alemana era el cómplice científico del nazismo. Pese a que Haushofer fue acusado de ser el genio maléfico entre bambalinas de la amenaza nazi, en realidad su posición e influencia estaban en declive. Además, Haushofer pensaba que la invasión alemana de la Unión Soviética en 1941 había sido errónea desde el punto de vista estratégico, y su estrecha relación con Rudolf Hess acabó siendo un inconveniente cuando se descubrió que, ese mismo año, Hess había volado en secreto a Escocia con la intención de llegar a un acuerdo de paz con el Reino Unido. Aunque los orígenes de la misión de Hess nunca se han esclarecido, esta supuso un punto de inflexión en la presunta influencia del pensamiento geopolítico alemán en Hitler y sus colaboradores.

Haushofer se suicidó en 1946, tras enterarse de que su hijo Albrecht había sido ejecutado en abril de 1945 por participar en el complot de julio de 1944 para matar a Hitler.

Edmund Walsh, un coronel y sacerdote jesuita norteamericano interesado en los escritos geopolíticos alemanes y soviéticos, tuvo oportunidad de interrogar a Haushofer sobre sus ideas geopolíticas y, después de ello, concluyó que este no debía ser acusado por crímenes de guerra. Como los escritores emigrados alemanes antes citados, Walsh estaba convencido de que Haushofer era el «cerebro» de Hitler. Sin embargo, tras realizarle un detallado interrogatorio a Haushofer en 1945, para el sacerdote quedó claro que, aunque su opinión académica tuviera un peso considerable, los vínculos de Haushofer con el entorno nazi no se debían a que compartiera las teorías y políticas racistas y expansionistas de Hitler.

Declive de posguerra en Estados Unidos

Tras ser vilipendiada por distinguidos observadores como Edmund Walsh, que llegó a ser decano de la Escuela del Servicio Exterior de la Universidad de Georgetown, no es de extrañar que el prestigio de la geopolítica estuviera por los suelos. Una nueva generación de geógrafos políticos norteamericanos rechazó el término y se concentró en el desarrollo de la geografía política, que fue cuidadosamente definida como objetiva desde el punto de vista intelectual y menos determinista con respecto a la influencia de ciertos factores ambientales en el comportamiento de los países. La geopolítica no se iba a normalizar.

En su importante análisis de la geopolítica anglófona de posguerra, Leslie Hepple sostiene que el término «geopolítica» desapareció de la circulación en la vida cotidiana y también en la política norteamericana entre 1945 y 1970. Con muy pocas excepciones, como la de Joseph Roucek, profesor de sociología de origen checo en la Universidad de Bridgeport, que publicó profusamente en revistas académicas y populares sobre temas como la geopolítica de Estados Unidos o la Antártida, el término se evitaba de forma deliberada. Lo llamativo de los artículos de Roucek que contienen la palabra «geopolítica» es que el autor muestra escaso o nulo interés en explorar el terreno ocupado por este asunto. Para él, la geopolítica es un útil y sucinto término para subrayar la importancia del territorio, la ubicación y los recursos.

Sin embargo, más allá de este animoso uso que hacía Roucek del término, la palabra «geopolítica» apenas se empleaba. A partir de 1945 se observó, si acaso, una importancia cada vez mayor de la disciplina de las Relaciones Internacionales (RI) y de las teorías realistas, que abordaban el papel del Estado en el sistema internacional de posguerra y el orden internacional reglamentado. Esa consolidación disciplinaria vivió un momento especial en mayo de 1954, cuando la Fundación Rockefeller organizó una Conferencia sobre Política Internacional, diseñada para reexaminar el «estado de la teoría en política internacional». De todos modos, esto no significaba que los geógrafos y los científicos sociales abandonaran su interés por las geografías del mapa político global. Geógrafos como Nicholas Spykman (1893-1943) y más adelante Saul Cohen (1925) admitieron que en el comienzo de la Guerra Fría se volvió más importante que nunca entender el carácter territorial e ideológico de la lucha entre la Unión Soviética y los Estados Unidos. En su pionera obra *Geografía y política en un mundo dividido*, cuya primera edición es de 1963, Cohen dio continuidad a la percepción de Spykman de un mundo a todas luces fracturado.

Si Spykman llamaba la atención sobre lo que él denominaba «anillo continental» (es decir, franjas marítimas de espacios importantes desde el punto de vista geoestratégico) del este de Europa, Oriente Medio y el sur y el sudeste europeos, el último trabajo de Cohen se centraba en los denominados «cinturones de quiebra» (regiones divididas internamente que atraen la competencia de las grandes potencias), e intentaba explicar dónde las superpotencias eran susceptibles de verse atrapadas en conflictos por el territorio, recursos o ciertos accesos. Se consideraba que las regiones geográficas más próximas a la Unión Soviética, y más adelante a China, eran los principales campos de batalla de la Guerra Fría. Los conflictos y las tensiones en Berlín, el sudeste de Europa, Oriente Medio, Corea y Vietnam parecían añadir credibilidad a esa idea geográfica pese a que la gravísima crisis cubana de los misiles de 1962 puso de manifiesto que Estados

Unidos era sumamente sensible a la geográficamente cercana Cuenca del Caribe.

Curiosamente, justo cuando el término «geopolítica» estaba perdiendo su prestigio en Estados Unidos, Japón, Gran Bretaña y otras partes de Europa, se empezó a hablar de que la estrategia norteamericana sobre la Guerra Fría se inspiraba implícitamente en ideas geopolíticas. El documento NSC-68 del Consejo de Seguridad Nacional, presentado al presidente Truman en abril de 1950, avisaba de ciertos planes de la Unión Soviética para dominar el mundo y de posibles estrategias geográficas a fin de alcanzar ese objetivo fundamental. Aunque se mostraba desdeñoso con respecto al Tercer Mundo y su diversidad geográfica, más adelante el NSC-68 fue complementado con la teoría del dominó, según la cual el Tercer Mundo era vulnerable al expansionismo de respaldo soviético. En la década posterior a la formación de la OTAN en 1949, Estados Unidos firmó pactos de seguridad en Australasia (1951) y Asia Central (1955), y participó en acuerdos bilaterales de seguridad con Japón y Corea del Sur.

Los escasos geógrafos políticos norteamericanos que, como Cohen, opinaron de manera explícita sobre la Guerra Fría y la estrategia de EE.UU. estaban de acuerdo con objetivos generales como la contención de la Unión Soviética, pero tenían muchas ganas de recalcar la enorme diversidad del Tercer Mundo. En su afán por entender las ambiciones globales de la URSS, Cohen advirtió a los lectores norteamericanos de que no debían subestimar las profundas diferencias geográficas, culturales y políticas entre Oriente Medio, por un lado, y el sudeste asiático, por otro. Se decía que ciertos estrategas estadounidenses, como

George Kennan, que durante la administración Truman trabajó en el Departamento de Estado, pasaron por alto esas diferencias regionales; además, se consideraba que el NSC-68 era simplista desde el punto de vista geográfico y se preocupaba demasiado por representar a la Unión Soviética como una amenaza despiadadamente expansionista procedente del Este. Así pues, la relación entre geografía y política no era monolítica ni estaba predeterminada; por otro lado, en un mundo dividido se necesitaban, según los cálculos de Cohen, muchos especialistas en estudios regionales.

Renacimiento de la geopolítica en Estados Unidos

Se suele atribuir a Henry Kissinger, antiguo secretario de Estado de EE. UU., el resurgimiento del interés norteamericano por la geopolítica, aunque él mismo usara el término de manera mucho más informal que como se hacía en el cambio de siglo. Kissinger, como emigrado alemán e intelectual cuya tesis doctoral había analizado la historia geopolítica europea del siglo XIX, en el período posterior a 1945 era un secretario de Estado peculiar. Se trataba de un peso pesado intelectual de la administración Nixon y un sagaz observador de las cambiantes circunstancias políticas de la Guerra Fría. El contexto temporal era crítico: la Guerra Fría estaba entrando en una nueva fase de *détente*, o distensión, pese a que la Unión Soviética, Estados Unidos y China todavía desconfiaban unos de otros respecto a sus ambiciones geopolíticas. Estados Unidos estaba inmersos en un conflicto cada vez más impopular en Vietnam, y el hecho de que Kissinger utilizara el término «geopolítica» era en parte un intento de lidiar con un panorama estratégico nuevo. En esencia, como señala Leslie Hepple, Kissinger usaba el término para hacer hincapié en la importancia del equilibrio global y de los intereses nacionales permanentes en un mundo caracterizado por un equilibrio de poder. Ansioso por promover una nueva relación con China, sostenía que las «ambiciones geopolíticas» debían ser atajadas o, a ser posible, neutralizadas.

Aunque Estados Unidos se esforzó por mantener a raya a la Unión Soviética, Kissinger creía que la política exterior norteamericana había estado demasiado dispuesta a impulsar una respuesta militar a ese problema. En vez de eso, en una época de relativo declive militar estadounidense lo que hacía falta era un enfoque flexible que estuviera atento a nuevas posibilidades políticas, como el desarrollo de relaciones mutuamente beneficiosas con otras grandes potencias como China.

Aunque el uso del término «geopolítica» por parte de Kissinger se ha calificado como «vago» e «impreciso», según algunos expertos volvió a popularizar el concepto en el seno de la cultura política norteamericana y dio lugar a una renovada reflexión académica formal sobre la estrategia global. En lo relativo a la popularidad, la geopolítica fue reintroducida en discusiones sobre la Guerra Fría junto a un sinfín de otros temas que pretendían conectar las cuestiones globales y regionales. Aunque pocos autores sabían valorar con detalle la atormentada historia intelectual del término, este sirvió como denominación aparentemente útil para subrayar la importancia de los factores geográficos en la determinación de los acontecimientos políticos y militares.

Otros destacados personajes políticos, como Zbigniew Brzezinski, de origen polaco, consejero de Seguridad Nacional del presidente Carter, eran entusiastas defensores de la geopolítica y empleaban el término para indicar su tendencia a proteger los intereses estratégicos de Estados Unidos en una época de creciente tensión global; por otro lado, para quienes más adelante serían denominados «intelectuales neoconservadores», recordaba el implacable expansionismo soviético. La decisión de financiar y apoyar a la resistencia frente a la ocupación soviética de Afganistán, a partir de 1979, estuvo inspirada en la creencia geopolítica de que había que frenar nuevas expansiones, aunque ello significara que Estados Unidos y sus aliados regionales, como Pakistán, tuvieran que respaldar a sustitutos interpuestos que combatieran contra las fuerzas soviéticas. Lo ideal sería que Afganistán se convirtiese en el Vietnam de la URSS. Como muchos han señalado, esta decisión tuvo importantes repercusiones, pues en la década de 1980 propició la creación de la red terrorista de Al-Qaeda y alumbró una generación de veteranos avezados en la lucha, como Osama bin Laden.

Una de las consecuencias más significativas del resurgimiento de la geopolítica fue la creación del Comité para el Peligro Actual. Este se valía de la geopolítica y otras disciplinas académicas, como la *sovietología* (el estudio de la sociedad y el gobierno soviéticos, a veces conocido como «vigilancia del Kremlin»), para argumentar que Estados Unidos debía estar preparado para abandonar políticas de distensión y equilibrios de poder en favor de un planteamiento más agresivo, ya que creían que la Unión Soviética estaba resuelta a extender su dominio por toda la masa continental euroasiática. Decepcionada por las políticas blandas de

Carter, la administración Reagan adoptó una visión geopolítica más explícita de contención y desmantelamiento de la URSS. Cabría decir que la política exterior estadounidense perseguía grupos apoyados por los soviéticos en Centroamérica y África y respaldaba enérgicamente a regímenes antisoviéticos en todo el Tercer Mundo. Si esto significaba, por ejemplo, avalar el régimen de Sadam Husein en Irak e innumerables dictaduras militares en Latinoamérica, daba lo mismo. Se instalaron misiles nucleares de corto y medio alcance en Reino Unido y Alemania Occidental como parte de la estrategia de la OTAN para desactivar cualquier intento soviético de ampliar su influencia en la Europa Central y Occidental.

A mediados de la década de 1980, en Estados Unidos los análisis geopolíticos estaban moldeados sobre todo por un grupo de expertos muy influidos por el realismo político y por cierto deseo de conservar el poder norteamericano en medio de la denominada «segunda Guerra Fría» (1979-1985), que siguió al colapso de la *détente*. Una vez más, la geopolítica acabó siendo un término abreviado para hacer referencia a las rivalidades entre las superpotencias; por otro lado, señalaba la importancia de que Estados Unidos intentara satisfacer sus propios intereses nacionales en un mundo anárquico. Durante el mandato de Reagan, la política exterior norteamericana fue sin duda más agresiva que bajo la presidencia de Carter, y muchos intelectuales y responsables políticos vinculados a esa administración fueron más adelante miembros de las administraciones de George H. W. Bush y George W. Bush. Donald Rumsfeld estrechó vergonzosamente la mano a Sadam Husein a principios de la década de 1980, si bien después, en 2003, como secretario de

Defensa fue determinante en la planificación de la invasión de Irak, el derrocamiento de Husein y su posterior ejecución, en diciembre de 2006.

Hacia una geopolítica crítica

Más o menos al mismo tiempo que ciertos intelectuales de la política se replanteaban el término «geopolítica» en el contexto de la Guerra Fría, otros escritores estaban explorando una idea muy diferente. Este enfoque, que más adelante se conocería como «geopolítica crítica», no era realista ni en el tono ni en la perspectiva. Como planteamiento para el estudio de las relaciones internacionales, el realismo ha sido muy significativo, sobre todo en Estados Unidos. Tiende a dar por sentado que los países coexisten en un mundo anárquico debido a la ausencia de un gobierno mundial capaz de restringir sus acciones. En las formas más básicas de realismo, por tanto, se supone que la conveniencia propia y la proyección de poder son incuestionables. Muchos ensayistas geopolíticos, aunque no mencionen a algunos de los sumos sacerdotes del realismo, como E. H. Carr o Kenneth Waltz, trabajan implícitamente con un modelo realista. Para los generales latinoamericanos preocupados por su seguridad nacional en las décadas de 1960 y 1970, la idea realista del mundo coincidía mucho con una imaginación geopolítica llena de peligros y amenazas procedentes de fuerzas comunistas de dentro y fuera del país.

Para los críticos de esta clase de geopolítica de inspiración realista, esta idea prejuiciada de la política global tiende a exagerar el conflicto y la competencia a costa de la cooperación y la distensión. El sistema interestatal ha demostrado cierta capacidad, acaso sorprendente a juicio de algunos observadores, para colaborar y crear instituciones comunes, derecho internacional y organismos intergubernamentales como la Unión Europea o las Naciones Unidas. Además, una nueva generación de autores, procedentes de distintas tradiciones filosóficas, se muestra escéptica ante las afirmaciones de los escritores de inspiración realista, según los cuales hay que «decir las cosas tal como son». En otras palabras, lejos de exponer una idea imparcial de la política global, la geopolítica está profundamente influida por esquemas representacionales particulares, que a su vez reflejan convenciones culturales y lingüísticas. Quizá no sea de extrañar que la geopolítica de base realista haya recibido una cálida acogida en Estados Unidos, donde es habitual que los que escriben sobre estos temas expongan sus grandes planes para el mundo como si fueran observadores desinteresados que se limitan a contar a sus lectores una serie de «verdades que duelen».

En primer lugar, necesitamos explorar el modo en que la geopolítica se hace y se representa ante públicos concretos. Si queremos comprender la política global, hemos de aceptar que está impregnada de significado social y cultural. El actual sistema político global no es natural ni inevitable, y las historias que contamos sobre política internacional son solo eso, historias. Ciertos relatos son a todas luces más importantes que otros, y ciertos individuos, como los presidentes de Estados Unidos y de Rusia, son espacialmente categóricos a la hora de expresar cómo perciben e interpretan el mundo. De ahí la expectación que despierta el discurso del Estado de la Unión, como lo sería un discurso similar a cargo de los líderes políticos de algún otro país poderoso, como China y Rusia. ¿Tendríamos el mismo interés si tuviera lugar algo parecido en África Occidental o Centroamérica? Los sondeos realizados en Europa y Norteamérica nos muestran que el conocimiento del Sur global y de los antiguos países comunistas europeos y asiáticos suele ser muy fragmentario.

En segundo lugar, el valor de la geografía o bien se subestima o bien se exagera contra toda lógica. Los Andes, por ejemplo, son esenciales para determinar el tamaño y la forma de Chile. Las montañas, los ríos y las selvas tropicales han actuado como barreras naturales para comunidades limítrofes como la India o China. La India y Pakistán siguen enfrentadas entre sí en el entorno de gran altitud del glaciar Siachen. Se trata de un medio muy duro para los seres humanos, y allí ciertos desastres naturales, como los aludes de nieve, suelen llevarse por delante muchas vidas. Los dos países no son capaces de ponerse de acuerdo sobre la propiedad de este territorio helado y permanecen enemistados con respecto a su frontera internacional común.

Los obstáculos geográficos casi nunca resultan insalvables. El paisaje norteamericano fue activamente reinventado como una «frontera» para afianzar la expansión y el desarrollo colonial de comunidades de colonos. Las montañas Rocosas y desiertos como el de Mojave no eran barreras, no digamos ya barreras que aislaran por completo. En 1867, la compra de Alaska a Rusia resultó ser importantísima a largo plazo, si bien en su momento la opinión política interior se mostró dividida. Tener más territorio y recursos (potenciales) trajo consigo costes adicionales en relación con las infraestructuras, la seguridad y los asentamientos. La expansión a través del océano Pacífico comenzó en el siglo xix y se intensificó cuando Estados Unidos se enfrentó al imperio japonés durante la Segunda Guerra Mundial. El expansionismo geopolítico y geoeconómico de EE. UU. durante la posguerra reconfiguró la geopolítica del este asiático y proporcionó a las empresas norteamericanas nuevas oportunidades para que vendieran sus productos en nuevos espacios fronterizos.

En tercer lugar, la geopolítica está entrelazada con ideas y experiencias de género, raza, sexualidad y clase social: es carnosa y se palpa. Es interseccional. Hay que admitir que las experiencias cotidianas de la gente y las estrategias que ha de seguir para afrontar las estructuras y los procesos geoeconómicos y geopolíticos son, en esencia, variadas. Conceptos como «territorio», «frontera» o «escala» adquieren significados diferentes cuando tenemos en cuenta las violaciones de guerra en la República Democrática del Congo en comparación con la inmigración de jóvenes del norte de África al sur de Europa. Si las fronteras políticas globales son más porosas para el capital que para las personas, también lo son más para los hombres que para las mujeres y los niños. Como señala la experta feminista Cynthia Enloe, hay que relacionar la geopolítica global con las geografías cotidianas de las relaciones de género para así comprender mejor el impacto diferencial de la seguridad, el conflicto, las migraciones y las fronteras nacionales. La geopolítica feminista es un floreciente ámbito de investigación académica.

Para entender mejor cómo funciona la geopolítica, algunos autores clave han propuesto una división triple: formal, práctica y popular (figura). Lo formal se ocupa del tema de este capítulo. ¿Cómo es que los académicos y los comentaristas recurren conscientemente a una tradición intelectual ligada a la geopolítica?

La geopolítica práctica hace referencia a los modelos geográficos orientados hacia la política que han sido utilizados por líderes como el presidente Trump, pues representan la política global. Diversos dirigentes usan patrones geográficos para orientar sus políticas en función de sus audiencias, votantes incluidos. Un ejemplo destacado fue el uso que Trump, en enero de 2018, hizo del término «países de mierda» para referirse a Haití y otras regiones pobres del mundo países de las que procedían algunos inmigrantes ilegales que llegaban a Estados Unidos. Aunque Trump negó haber utilizado la expresión, su enfoque pone de manifiesto una determinada cosmovisión.

Por último, la geopolítica popular incluye el papel de los medios de comunicación y otras modalidades de cultura popular que los ciudadanos emplean para interpretar su propio escenario, su país, su región y el mundo en general. Las tres formas están interconectadas, toda vez que los intelectuales y los periodistas comparten sistemáticamente ideas y discursos, aparte de que ambos grupos mantienen contactos regulares con organizaciones y funcionarios del gobierno. Los marcos geopolíticos pueden ayudar tanto a los individuos como a los grupos a dotar de sentido al mundo (a ellos en particular y también a un público más amplio). Expresiones como «eje del mal» o «recuperar el control» atraen la atención precisamente porque están concebidas para simplificar la política mundial y ubicar a los amigos y los enemigos. A veces son los presidentes y primeros ministros quienes empiezan a utilizarlas (a veces imprudentemente); en cualquier caso, esta clase de grandiosas abstracciones espaciales provocan y promueven discusiones entre periodistas, expertos y públicos que leen y escuchan.

Geopolítica formal, práctica y popular.

Según el geógrafo político Gearóid Ó Tuathail, este esquema tripartito se encuentra dentro de las culturas geopolíticas, lo cual determina el encuentro de un país con el mundo. Aunque no deberíamos pensar que la localización física del Reino Unido en el extremo de Europa predetermina resultados políticos concretos —por ejemplo, cierto compromiso con el proceso integrador europeo—, sin duda ha sido importante en la formación de interpretaciones culturales de la ubicación geográfica. También han sido significativas las experiencias bélicas en las que el Reino Unido se vio obligado a defender su territorio nacional frente a las fuerzas alemanas, incluyendo los bombardeos y los ataques con cohetes que constituyeron el Blitz. En términos de geopolítica popular, llama la atención lo profunda que es todavía la huella de la Segunda Guerra Mundial, pues multitud de libros, películas, programas de radio y televisión y exposiciones continúan explorando y revisando los esfuerzos militares del Reino Unido y el papel de dirigentes como Winston Churchill.

Durante buena parte del período posterior a 1945, los primeros ministros británicos han apostado decididamente por el mantenimiento de una relación especial con Estados Unidos (la Gran Bretaña americana) a expensas de una tradición geopolítica basada en el compromiso con lo que podríamos denominar una «Gran Bretaña europea» (véase recuadro 3).

Del mismo modo, si deseáramos entender mejor las culturas geopolíticas rusas, necesitaríamos comprender, como señalaba el geógrafo Mark Bassin, el modo en que los líderes políticos y los periodistas han recurrido a tres tradiciones geopolíticas distintas. Primero, la idea de que Rusia forma parte de Europa y necesita adoptar modelos occidentales de desarrollo social y económico. Segundo, Rusia es un territorio euroasiático peculiar, con su propia modalidad de Estado y de sociedad. Por último, Rusia, como el Reino Unido, es un «puente», en su caso entre Europa y Asia. En determinadas épocas, puede que una tradición geopolítica concreta domine a las demás. El presidente Vladimir Putin ha prometido recuperar el estatus de gran potencia para Rusia, que incluiría un control sobre el «entorno de países cercanos», término empleado en la lexicografía geopolítica rusa para hacer referencia a los territorios vecinos que en otro tiempo formaron parte de la esfera soviética de influencia.

A lo largo de la historia intelectual de la geopolítica, tenemos ejemplos de individuos y grupos comprometidos con diferentes formas de análisis histórico y cultural, como las que observamos actualmente en la geopolítica crítica. La obra de Yves Lacoste y sus colegas parisinos merece alguna mención, pues Lacoste fue uno de los primeros en considerar que la geopolítica era efectivamente un tipo de conocimiento político y estratégico. En 1976 escribió un libro con el llamativo título de *La géographie, ça sert, d'abord, à faire la guerre* («La geografía sirve, sobre todo, para hacer la guerra»; aunque la traducción en castellano fue *La geografía: un arma para la guerra*), que abordaba un anterior interés en el modo en que los planificadores militares norteamericanos se sirvieron del conocimiento geográfico de Vietnam del Norte para lanzar sus ataques sobre ríos y selvas a fin de provocar un ecocidio (es decir, la destrucción deliberada de ecosistemas locales con objeto de debilitar a los adversarios). También analizó las teorías geopolíticas del presidente chileno Pinochet, que en la década de 1960 había sido profesor de geopolítica en la Academia de Guerra de Chile. Pinochet llegó a escribir un tomo sobre geopolítica en el que defendía la idea del Estado como superorganismo: podría decirse que llevó su teoría a la práctica cuando el 11 de septiembre de 1973 ayudó a derrocar al gobierno socialista de Salvador Allende. Al parecer, el respaldo estadounidense fue decisivo.

Recuadro 3. Gran Bretaña global y Brexit

En junio de 2016, Gran Bretaña votó, en un referéndum popular, a favor de abandonar la Unión Europea. En una encarnizada contienda, el 52 % de los votantes optó por la salida, frente a un 48 % que prefería quedarse. En 2017 se tomó la decisión de activar el artículo 50 e iniciar el proceso de separación. En cuanto a las repercusiones del Brexit a largo plazo, la opinión pública sigue dividida. El anterior gobierno conservador de la primera ministra Teresa May propuso que una «Gran Bretaña global» sustituyera a la Gran Bretaña americana/europea. Se ha utilizado a la Commonwealth y la anglosfera para reimaginar un Reino Unido que operaría en un nuevo ámbito geopolítico y comercial –aprovechando las ventajas del inglés como lengua global, de la City de Londres, del derecho común anglosajón y del poder cultural–. Pero, ¿tal vez había quien invertía en el Reino Unido justamente por ser la puerta de entrada a otras economías europeas?

Hay varios problemas. Tras haber pertenecido cuarenta y cinco años a la Unión Europea/Comunidad Económica Europea, las infraestructuras y los patrones comerciales del Reino Unido están claramente en consonancia con los de sus vecinos europeos: el 25 % del comercio británico pasa por el Eurotúnel. La República de Irlanda está claramente ensamblada en las redes comerciales del Reino Unido. Diversas empresas europeas son propietarias de infraestructuras en puertos y aeropuertos británicos y participan en mercados de la energía y la salud en el RU. La Gran Bretaña global deberá gestionar cadenas de suministro y patrones de inversión europeos mientras compite fuera del bloque de miembros de la Unión Europea con potencias globales como China, implicada en los ambiciosos programas «Un cinturón, una ruta» diseñados para proyectar la China global. El

> presidente Xi casi nunca hace referencia al Reino Unido y al Brexit en sus discursos sobre los planes chinos acerca de las infraestructuras y el comercio globales.

Según Lacoste, los ensayistas geopolíticos tenían que ser más autocríticos y ejercer su función de desenmascarar la implicación de la geopolítica en expresiones de militarismo y poder estatal. *Herodote*, que sigue siendo la revista sobre geografía de máxima circulación en el mundo francófono, publica análisis críticos de sucesos contemporáneos como la guerra global contra el terrorismo. Aunque en otro tiempo Lacoste había señalado que hacer referencia directa a la geopolítica no era de buen gusto, sí creía en una geopolítica apoyada en análisis regionales (es decir, que demostrara su reconocimiento de las diferencias locales y regionales) y conocedora de las conexiones entre datos geográficos y práctica política.

Cualquier geopolítica crítica que se precie estará atenta al hecho de que hay una gran variedad de culturas y tradiciones geopolíticas (véase recuadro 4). Nuevos campos académicos, como la geopolítica subalterna, hacen hincapié en un área de interés permanente, que toma en serio experiencias, perspectivas y conocimientos geográficos alternativos. Al hacer esto, las investigaciones geopolíticas críticas están adoptando una gama cada vez más diversa de métodos y enfoques de investigación, que incluyen la etnografía, entrevistas o la inmersión en comunidades y lugares que acaso parezcan muy alejados de los centros tradicionales de poder y dominación.

Tradiciones múltiples

La parte final de nuestra breve visión general de la geopolítica como término intelectual vuelve de nuevo a Estados Unidos y al mundo anglófono. Como ya he señalado en secciones anteriores, esta descripción debe ser complementada con unas palabras de advertencia. Lo aquí expuesto podría calificarse como una historia de cómo surgió, cobró notoriedad, cayó en declive y volvió a resurgir la geopolítica. No obstante, si este capítulo se hubiera centrado en las experiencias de Sudamérica, habríamos obtenido un resultado muy distinto. De entrada, no habríamos tenido que preocuparnos en la misma medida del supuesto estigma del nazismo. En sitios como las academias militares de Argentina, Brasil, Chile o Paraguay, que tenían una estrecha relación con las fuerzas armadas alemanas e italianas, los oficiales seguían dando clases y publicando en la esfera de la política sobre el período posterior a 1945. Los textos geopolíticos alemanes se traducían al español y al portugués en una época en que los geógrafos norteamericanos estaban instando a sus colegas a evitar el término y sus abominables connotaciones. En un continente dominado por regímenes militares durante gran parte de la Guerra Fría, la geopolítica floreció sin muchas preocupaciones formales por las conexiones con el nazismo y sus políticas asociadas de expansionismo espacial y dominio territorial.

Recuadro 4. Geopolíticas china y rusa

Para los interesados en la geopolítica rusa, uno de los ejemplos más destacados sería el de Alexander Dugin y su libro de 1997 *The Foundations of Geopolitics: The Geopolitical Future of Russia*. Releído más de veinte años después, parece hacerse eco de algunos postulados de la práctica geopolítica rusa contemporánea, con especial énfasis en los intereses de los pueblos rusohablantes y en la recuperación de la esfera de influencia del país. Propugna que Rusia se anexione Ucrania y difunda desorden en Estados Unidos. Dugin ha sido descrito como un filósofo y un estratega bendecido por el Kremlin, si bien su popularidad sufre altibajos.

Bajo el liderazgo del presidente Xi Jinping, cabría describir la geopolítica china como más expansionista y comprometida con el desafío del dominio moral de Occidente. Se preconiza la iniciativa «un cinturón, una ruta» con respecto a proyectos de infraestructura chinos que generan resultados beneficiosos para los países y regiones participantes (*win-win*), amén de nuevas colaboraciones geopolíticas a lo largo y ancho de Europa, Asia y África. El presidente Xi ha hablado de «renovar la nación china», de combinar inversiones en capacidades militares con inversión y cooperación internacional de acuerdo con la «igualdad soberana». Curiosamente, pese a todo el miedo de China y las grandes potencias rivales a Estados Unidos, las clases medias chinas mandan a sus hijos a las universidades estadounidenses y otros paí-

> ses occidentales, viajan a Norteamérica y Europa y trabajan estrechamente con empresas europeas y norteamericanas. La hija del presidente Xi estudió en la Universidad de Harvard.

Los especialistas soviéticos para quienes la geopolítica aún estaba ideológicamente contaminada de nazismo no aceptaron de buen grado este renacimiento del interés, sobre todo en la década de 1980. Aunque hay mucha más implicación formal en el término en la Rusia posterior a la era soviética, los recuerdos de la Segunda Guerra Mundial y las numerosísimas pérdidas consiguientes de vidas humanas en el país desempeñaron un papel importante en la conformación de las reacciones académicas ante estos nuevos compromisos en Norteamérica y Europa Occidental. Cincuenta años después, al parecer este estigma ha desaparecido y una nueva generación de ensayistas rusos y uzbecos, principalmente de derechas, se han valido de antiguos autores geopolíticos, en concreto de Halford Mackinder, para reflexionar sobre los destinos geopolíticos de sus países. Un ámbito de creciente interés es la importancia estratégica de Asia Central y la aparición de un denominado «Gran Juego» entre Estados Unidos, China y Rusia. Estados Unidos y China buscan, con gran alarma para Rusia, ampliar sus inversiones militares y en recursos en una región caracterizada por yacimientos de petróleo y gas natural, en el mar Caspio, en gran medida sin explotar.

Aparte de la variada historia intelectual de la geopolítica, la cuestión final en la que cabe insistir es que no debería malinterpretarse la última sección sobre geopolítica crítica. Solo unos cuantos expertos de Estados Unidos y otras partes se describirían a sí mismos como especialistas geopolíticos críticos. En la mayoría de los países, incluyendo Estados Unidos, en general las personas que utilizan el término «geopolítica» tienen poco interés en conocer esta retorcida historia intelectual. Es más, utilizan el término a modo de código que a menudo pretende investir su obra de una respetabilidad dura (masculinizada) y una disposición a reflexionar y a informar sobre las sombrías realidades geográficas de la política mundial. Organizaciones afincadas en EE.UU. y revistas como *Stratfor*, *Bloomberg* y *Forbes* suelen reivindicar, de una manera que nos recuerda a autores geopolíticos de épocas anteriores, una cierta capacidad para ver el mundo y para hacer predicciones concisas y llenas de confianza sobre su composición futura, normalmente en beneficio de un país o un actor empresarial/corporativo en contraposición a otros. Por su parte, las redes sociales promueven la circulación de vídeos cortos y *podcasts* que prometen reducir situaciones geopolíticas complejas a resúmenes de treinta segundos.

Los escritores geopolíticos críticos se proponen examinar estas afirmaciones y, cuando sea apropiado, sugerir otros métodos geográficos para representar y entender el mundo. Esto podría incluir, por ejemplo, un especial hincapié en la seguridad humana y en el carácter de género de la geopolítica global, lo cual significa a menudo que las mujeres y los niños son más vulnerables y están más expuestos a la violencia geopolítica y a las desigualdades geoeconómicas. El carácter de género de la política global y de las desigualdades geoeconómicas en el sistema del comercio mundial merece una mayor visibilidad. Por último, si se trata de reflexionar sobre historias alternativas de la geopolítica, incluido el papel de las perspectivas y los conocimientos en las culturas indígenas y subalternas, los expertos geopolíticos críticos tienen una amplísima tarea por delante. Las historias, culturas y tradiciones geopolíticas son múltiples.

Según geógrafos políticos como Jo Sharp o James Tyner, los relatos intelectuales de la geopolítica ponen demasiado énfasis en Europa y las Américas a costa de otros ámbitos. En su investigación sobre África Oriental, Sharp analiza los escritos del antiguo líder tanzano Julius Nyerere y sus ideas políticas panafricanas, que buscaban un «camino intermedio» en la geopolítica binaria de la Guerra Fría. Por otra parte, estas intervenciones poscoloniales han sido reconocidas cada vez más como un desafío explícito a la teorización geopolítica, que privilegia los conocimientos y las experiencias de los sistemas mundiales, culturas y países europeos y norteamericanos.

En esencia, la geopolítica subalterna no solo se basa en sacar a la luz la naturaleza eurocéntrica de la teorización geopolítica dominante, sino que también se propone producir sus propios relatos de política global, que identifican una vulnerabilidad compartida, intereses colectivos, e historias y geografías pasadas de desigualdad. En este contexto, «subalterno» nunca significa «marginal» o «pequeño», sino que más bien da a entender una postura crítica frente a quienes afirman que sus experiencias y conocimientos deberían ser considerados universales.

3
Arquitecturas

El término «arquitectura geopolítica» se utiliza para describir las maneras en las que los países y las organizaciones no gubernamentales acceden, gestionan y regulan la intersección de territorios y flujos y, de este modo, crean fronteras del tipo dentro/fuera, ciudadano/extranjero o interno/internacional. Así pues, cuando hablamos de orden internacional, admitimos la existencia de geografías complejas que respaldan reivindicaciones de apertura económica, derecho internacional, desarrollo institucional, solidaridad democrática y cooperación en materia de seguridad.

Desde el punto de vista histórico, ha habido un conjunto de arquitecturas geopolíticas de este tipo que reajustan la relación entre espacios y flujos: a veces, literalmente mediante el control de cruces fluviales, puertos de montaña, murallas de ciudades y otras barreras naturales o humanas. A medida que nos acercamos a la época contemporánea, aumenta la inversión en fronteras e infraestructuras fronterizas. Por ejemplo, los gobiernos actuales invierten mucho en la regulación de sus fronteras, pues estas constituyen el punto de entrada/salida del territorio nacional. Estos controles fronterizos también acaban siendo significativos para poner de manifiesto la soberanía de facto.

Para entender estos cambios y sus repercusiones para la teorización política, hemos de tener en cuenta dos temas fundamentales: primero, el término «soberanía» y el modo en que este inspira las actividades del Estado/frontera territorial; segundo, la arquitectura política de los siglos XX y XXI, que pone de manifiesto cómo ciertos países en concreto intentan controlar y regular espacios considerados turbulentos y sin gobierno. A medida que se ha ido intensificando la globalización de los asuntos humanos y no humanos, determinados países han invertido más en regular la relación entre flujos y territorios nacionales y/o han procurado reforzar su seguridad fronteriza.

En Occidente, en gran parte de las conversaciones posteriores a la Guerra Fría subyacía la idea de que al menos habría un interés común en gestionar el sistema global. Había que sustituir la geopolítica de la Guerra Fría por una nueva era de geoeconomía (término utilizado para resaltar la intersección de geopolítica, estrategia y economía internacional). En este mundo nuevo, la política comercial, las inversiones extranjeras directas, el comercio de materias primas y las sanciones en el extranjero tendrían más eficacia que los ejércitos y las disuasiones nucleares.

Sin embargo, las primeras manifestaciones de optimismo han cambiado. En la actualidad, es más habitual leer sobre el regreso de la geopolítica pura y dura, inspirada por los nacionalismos y el poder militar. Según el científico político norteamericano John Ikenberry, una «ascendencia liberal» de dos siglos de historia, en la que el interés propio político y económico forjó una serie de expectativas y normas de conducta, está tocando a su fin. En la era de Putin, Trump y el Brexit, ya no es seguro suponer que los actores políticos están comprometidos con un sistema abierto y reglamentado de orden internacional. En esta lectura pesimista de la política mundial, han vuelto las intrigas geopolíticas porque los actores políticos están menos comprometidos con normas, valores liberales, respaldo institucional y cooperación. La geopolítica populista ha sustituido a la geoeconomía.

Este capítulo ofrece una lectura más acreditada acerca del orden internacional posliberal, dado que la arquitectura geopolítica subyacente, que engloba Estados y organismos no estatales, es dinámica y muy desigual. La manera en que organizamos nuestro mundo y definimos los roles y las responsabilidades de organizaciones como las Naciones Unidas tras la Guerra Fría, así como el comportamiento de los países, ha sido sometida a una estricta supervisión. Un peligro al que hemos de oponer resistencia es el de pensar que son ciertos países no occidentales, como China y Rusia, los responsables de la crisis de la globalización y del orden internacional liberal. Según muchos críticos de la política exterior anglonorteamericana, la controvertida invasión de Irak en 2003, el cambio de régimen en Libia en 2011 (mientras se afirmaba que la acción militar tenía la finalidad de proteger a los civiles) y la guerra contra el terror son culpables en parte de esta erosión de un orden reglamentado. La creciente desigualdad en los países europeos y en Estados Unidos ha incidido mucho en la cuestión de si el «sistema» es capaz de proteger los intereses de «la gente» más que los de las élites y/o de los inmigrantes. Wendy Brown recuerda a sus lectores que la noción de «soberanía» quizás esté en declive mientras gobiernos de todo el mundo se esfuerzan por obtener legitimidad popular y aspiran a la «seguridad nacional».

El resurgimiento de la construcción de muros y de proyectos de vallas fronterizas, ¿es indicativo de un orden internacional posliberal emergente? Una de las maneras más eficaces en que los países muestran su determinación a controlar o (al menos intentar) regular la movilidad es levantando muros y barreras. El muro puede impedir la movilidad de personas y objetos, pero también puede ayudar a regular (ralentizar, supervisar y, en última instancia, controlar). De todos modos, es posible eludir, derribar o ignorar los muros y las barricadas. Los muros también pueden propiciar una economía de «mercado negro», que implicaría a contrabandistas, organizaciones mafiosas, agentes fronterizos corruptos y ciudadanos de todo el mundo que pretendan cruzar esas barreras. Muchos fracasarán, algunos resultarán gravemente heridos, otros tendrán una muerte horrible dentro y alrededor de esas zonas de frontera. Entre algunos de los muros y barricadas más destacados se incluyen el linde entre EE.UU. y México y la valla de seguridad de Cisjordania, que ha sido declarada ilegal y en general se considera un intento del gobierno israelí por colonizar más territorio y generar mayor inestabilidad entre las comunidades palestinas. Estos muros y barreras presentan un marcado contraste con el espíritu latente en el sistema abierto de la globalización y del orden internacional liberal, tan distinto del de los telones de acero, el proteccionismo y los bloques de seguridad.

La soberanía nacional y el sistema internacional

Las ideas y prácticas ligadas al poder político supremo y las fronteras son cruciales para determinar la arquitectura geopolítica predominante basada en Estados, fronteras, soberanía y territorios nacionales. Como ha señalado Stephen Krasner, los gobiernos nacionales, aunque avalan la importancia de la soberanía territorial exclusiva, han violado a menudo estos principios e ideas ya incorporados a la carta fundacional de las Naciones Unidas. Aparte de las invasiones de países, algunas autoridades estatales suelen espiar, inspeccionar y llevar a cabo operaciones encubiertas que vulneran la soberanía territorial de otros países. Estados Unidos tiene una gran capacidad de espionaje y vigilancia a escala mundial gracias a organizaciones como la Agencia de Seguridad nacional (NSA) o la Agencia Central de Inteligencia (CIA). Pero no son los únicos. Países como China, Rusia, Irán o Israel han sido acusados por otros de llevar a cabo actividades como espionaje industrial, violación territorial o vigilancia en el extranjero.

Muchos gobiernos aceptan de buen grado que su soberanía nacional sea violada cuando esto estimula determinados flujos de inversión, personas cualificadas e ideas. Términos como «soberanía compartida» nos recuerdan que los Estados y los gobiernos quizá no siempre consideren que sus territorios son soberanos del todo. Con la ampliación de la Unión Europea, el gobierno británico propició la inmigración laboral desde países como Polonia o Eslovaquia, con lo que sin querer quizá contribuyó a que, en junio de 2016, ciertos ciudadanos británicos votaran en contra de seguir perteneciendo a la UE. En un mundo compuesto por Estados-nación con fronteras y territorios nacionales diferenciados se produce una tensión relacionada con el modo de administrar y gestionar estas entidades desde el momento en que hay personas, mercancías, ideas, tecnologías y otras cosas –por ejemplo, enfermedades– capaces de cruzar las fronteras y las líneas que las ilustran en el mapa.

En otros casos, cuando cuenten con datos abrumadores sobre sufrimiento y violaciones de los derechos humanos, los gobiernos tal vez recurran a una intervención humanitaria y/o militar. En la década de 1990, hubo respaldo a la Responsabilidad de Proteger (R2P) tras las crisis de la antigua Yugoslavia y Somalia y el genocidio de Ruanda. Según la R2P, se viola la soberanía si los gobiernos no pueden o no quieren proteger la vida de los civiles. A veces, los gobiernos acaso muestren indignación ante violaciones de la soberanía mientras en secreto alientan ellos mismos planes de este tipo. Los ataques estadounidenses con drones en Pakistán durante la guerra contra el terror podrían encuadrarse en esta categoría, de modo que la «indignación» manifestada formaría parte de lo que cabe considerar como «compraventa de soberanía». A cambio, EE. UU. está suministrando a los gobiernos paquistaníes apoyo militar y de inteligencia. Cuando pensamos en la soberanía como un componente clave –aunque idealizado– de la arquitectura geopolítica, es útil distinguir cuatro tipos diferentes de interpretaciones.

En primer lugar, los expertos suelen hacer referencia a las manifestaciones legales internacionales de soberanía en el marco de la pertenencia a las Naciones Unidas, con su capacidad para negociar y ratificar tratados junto a los asuntos generales relacionados con la diplomacia. En el núcleo de estas actividades está la idea de que los países reconocen a otros países, y por tanto aceptan que estos tienen una capacidad propia para establecer relaciones internacionales. Aunque otros gobiernos detesten a un país y su liderazgo político, ese reconocimiento básico es fundamental. En las semanas y los meses que precedieron a la invasión de Irak en 2003, Estados Unidos y sus aliados tuvieron que negociar y comprometerse con representantes diplomáticos de Sadam Husein en las Naciones Unidas. En otros casos, ciertos Estados quizá no reconozcan la capacidad de otros para establecer relaciones internacionales precisamente porque los consideran incapaces de gestionar sus propios territorios nacionales, no digamos ya interactuar con el mundo en general. Se han utilizado términos como «Estado fallido» o «protoestado» para dar a entender que algunos países de regiones como África Occidental y África Central no están en condiciones de ejercer el control exclusivo en su territorio ni de garantizar el orden interno. En otras palabras, los gobiernos occidentales suelen calificar a países como Somalia y/o la República Democrática del Congo como incompetentes y además incapaces de regular flujos de drogas, dinero y armas. No obstante, es importante recordar que algunos de los primeros autores geopolíticos, como Kjellén, se opusieron a esta concepción demasiado legalista de la soberanía precisamente porque pasaba por alto el hecho de que las geografías de la política global eran sumamente diversas. Así pues, términos como «Estado fallido» admiten en parte que las capacidades de los países varían aunque disfruten de un reconocimiento internacional similar por parte de los demás.

Segundo, podríamos considerar que la soberanía está condicionada por la interdependencia. En una época de intensa globalización, es bastante inútil presuponer que los Estados ejercen el control exclusivo sobre sus territorios y los flujos consiguientes con los correspondientes niveles de movilidad. Incluso los países más poderosos del mundo, como Estados Unidos y China, han debido reconocer, cada uno a su manera, que la interdependencia, aunque no haya erosionado completamente la soberanía del Estado, sí ha modificado la elaboración de políticas. En ciertos ámbitos de la vida social, como los que tienen que ver con la seguridad nacional, muchos países han intentado reaccionar ante la interdependencia aumentando el control gubernamental y regional –como es el caso de los 27 países miembros de la Unión Europea– en forma de control y vigilancia de la inmigración al tiempo que comparte, o incluso concede, soberanía formal en esferas como la protección de los derechos humanos o la cooperación económica. A veces, esto se conoce como «soberanía compartida». Se mantuvieron estas limitaciones, toda vez que la zona fronteriza abierta creada por el Acuerdo de Schengen nunca atrajo a todos los miembros de la UE: países como el Reino Unido o Irlanda no se integraron nunca, mientras que sí fueron participantes *de facto* países no miembros de la UE como el Vaticano.

Tercero, si analizamos la soberanía en términos puramente internos, observamos que unos países son más eficaces que otros a la hora de ejercer el control sobre su territorio nacional. El contraste entre Estados Unidos y la República Democrática del Congo es ilustrativo, pues el país africano se ha visto consumido por una serie de conflictos internos desde finales de la década de 1990, lo que provocó la muerte de millones de personas, violaciones masivas de mujeres y niñas, y la destrucción de pueblos enteros. Como el gobierno nacional, con sede en Kinshasa, no tiene un control efectivo sobre su extenso territorio, otros países, envalentonados, han contribuido a la inestabilidad financiando a milicias rivales. Durante la Guerra Fría, el país, antes llamado Zaire, estuvo regido por un régimen plutocrático presidido por Mobutu (1965-1997), tolerado por muchos, como por ejemplo Estados Unidos, al ser considerado un aliado anticomunista indispensable en África Central. Mobutu fue capaz de mantener cierta forma de soberanía interior en el país porque utilizó sus bien dotadas (gracias a las exportaciones de minerales y petróleo) fuerzas armadas para acabar con cualquier modalidad de resistencia o malestar social. Esto cambió tras su muerte en 1997, en su exilio en Marruecos.

De todos modos, incluso países poderosos como Estados Unidos, con estructuras administrativas e infraestructuras consolidadas, tienen dificultades para ejercer un control completo de la soberanía. Una de las causas es la inmigración, sobre todo la que tiene lugar a través de su frontera con México, pues sigue creando numerosos problemas a las autoridades federales. La Patrulla Fronteriza de EE.UU., pese a inversiones suplementarias en personal, vehículos y equipos sensoriales, pasa apuros a diario para regular el movimiento de personas a través de Río Grande y las zonas desérticas del sudoeste. En vista de estas dificultades, muchos ciudadanos estadounidenses han creado grupos paramilitares, o de vigilantes, como el Proyecto Minuteman, cuya finalidad es la de patrullar y perseguir a quienes pretendan entrar ilegalmente en el país. En cualquier caso, este grupo no solo está interesado en la inmigración, sino que además expresa sus preocupaciones por la situación de la Norteamérica anglófona y el creciente desafío planteado por las comunidades hispanohablantes del sudoeste.

Cuarto, cuando se respeta el principio de no intervención, otros actores reconocen la soberanía. Desarrollada por el jurista suizo Emmerich de Vattel, la idea de que los países deben ser capaces de gestionar sus propios asuntos sin intervención de potencias exteriores es un ingrediente fundamental de la arquitectura política actual. Para los países que abandonaban la larga noche del colonialismo europeo, esto facilitó muchísimo la formación de gobiernos poscoloniales. No obstante, las administraciones norteamericana y soviética solían interferir en los asuntos de otros países, sobre todo en el llamado Tercer Mundo, de maneras diversas: invasiones militares, bloqueos económicos, penetración cultural, marginación política y/o sanciones. Por ejemplo, Estados Unidos invadió la República Dominicana en 1965 y en 1973 desestabilizó la situación en Chile porque temía la formación de nuevos gobiernos socialistas en Latinoamérica tras la satisfactoria consolidación, en 1959, de la Revolución cubana liderada por Fidel Castro. En 1956, los soviéticos mandaron tanques a Budapest y después, en 1968, también a Praga con el fin de aplastar a los gobiernos reformistas. El impulso subyacente a la arquitectura geopolítica de la Guerra Fría se caracterizaba por la contención espacial: se proponía restringir la movilidad de personas, ideas y objetos sobre todo si procedían (en el caso de EE. UU.) de la Unión Soviética y sus aliados.

En otros ámbitos de la vida internacional, muchos países han alentado activamente la limitación del principio de no intervención, como parecen testimoniar los avances en la protección de los derechos humanos. La comunidad internacional –representada por los miembros permanentes del Consejo de Seguridad de las Naciones Unidas– no siempre ha reaccionado con rapidez ante genocidios y violaciones masivas de derechos humanos en sitios como Darfur (Sudán) o Siria, pese a la agitación promovida por grupos de presión, personajes famosos como George Clooney y otros Estados de fuera de la región.

Algunos países son más capaces de ejercer lo que acaso consideren soberanía efectiva en el sentido de que reivindican cierta capacidad para controlar y administrar su territorio nacional y regular flujos de dinero, personas, bienes, ideas y/o tecnología. Otros poseen más recursos extraterritoriales, como Estados Unidos y China, por lo que son capaces de establecer relaciones verdaderamente globalizadas. Esta facultad para interferir e interactuar con otros países, otras comunidades y otras regiones fue, desde luego, reconocida por algunos de los primeros pensadores geopolíticos. Como ha señalado Halford Mackinder, el período poscolombino probablemente se caracterizó por relaciones más sólidas a medida que los países reconocían que el mundo estaba siendo comprimido por tecnologías nuevas entre las que se incluía el transporte. La compresión espacio-tiempo ha llegado a ser más profunda todavía, y el término «globalización» se ha empleado de manera generalizada para abarcar esos cambios en la experiencia humana pese a las discusiones sobre su intensidad y su significación geográfica.

Arquitectura geopolítica en una época de globalización intensa

Antes de analizar configuraciones más contemporáneas, ¿qué es la globalización? El término hace referencia al movimiento de personas, ideas, tecnología y mercancías de un lugar a otro con las correspondientes repercusiones para las relaciones humanas. Desde los siglos XV y XVI, estos flujos han sido cada vez más intensos y a menudo han tenido graves consecuencias para las poblaciones autóctonas de lo que más adelante se conocería como Primer, Segundo y Tercer Mundo. Los holandeses, los portugueses, los españoles, los británicos y los franceses estuvieron en primera línea de esta empresa global; por otro lado, el «encuentro colonial» dio inicio a un comercio global de mercancías y personas, entre ellas esclavos. Entidades globales como la Compañía Holandesa de las Indias Orientales, respaldadas por sus patrocinadores imperiales, ayudaron a construir y administrar estas redes comerciales.

En el siglo XIX, una nueva potencia continental, Estados Unidos, empezó a hacer notar su presencia en lo relativo a flujos de personas, bienes e ideas, aparte de sus adquisiciones territoriales en el océano Pacífico y el Caribe. Como la economía global iba siendo cada vez más una realidad en el mismo período, aumentó la necesidad de coordinación internacional, de modo que la Conferencia Internacional del Meridiano de 1884 estableció Greenwich como Meridiano Cero, lo cual facilitó la existencia de un nuevo mapa mundial con husos horarios convenidos.

A principios del siglo XX, la conectividad social, política y cultural creció debido a la aviación, los automóviles y el comercio mundial. A finales del siglo pasado, a medida que el sistema internacional se ampliaba y profundizaba, la geografía –en el sentido de espacio físico– ya no parecía actuar como una barrera para la movilidad humana.

Para el periodista Thomas Friedman, el año 2000 fue el punto culminante de la globalización, pues la tecnología del *software* e internet acercaron aún más las personas y los objetos, gracias también a destacadas reuniones anuales, como el Foro Económico Mundial, que se celebra en Davos. Este proceso de unión no fue esencialmente una iniciativa compartida, sino que en realidad reveló persistentes desigualdades en el acceso a la tecnología, el comercio y la cultura.

Aunque se ha pregonado a voces el «final de la geografía», amén del «final de la historia», podría decirse que las diversas geografías de la globalización han evidenciado la importancia de las fronteras, la distancia, la interconexión y las responsabilidades. Desde el siglo XVII, los países europeos, y más adelante otros como Estados Unidos, han procurado activamente gestionar la relación entre territorios nacionales y flujos consiguientes de personas, bienes, ideas y dinero. Como ha indicado Gerrit Gong, el siglo XIX anunció la instauración de «estándares de civilización» que permitirían a los países europeos determinar la forma actual y futura del sistema internacional y los criterios en virtud de los cuales los Estados obtendrían reconocimiento legal mediante una forma de «soberanía merecida». De sus numerosas y variadas formas, esta última es un elemento esencial de la globalización, pues ayuda a proporcionar «reglas» y «expectativas» al orden global.

En los últimos años, Estados Unidos, como supuesta «gran potencia», ha estado al frente del establecimiento de un orden liberal internacional reglamentado. A partir de 1945, el país fue decisivo en la creación de instituciones como las Naciones Unidas y la aprobación de la Declaración Universal de los Derechos Humanos en 1948. En la Carta de las Naciones Unidas, por ejemplo, los países aceptan que el Consejo de Seguridad tiene la potestad de determinar qué constituye una amenaza para la paz y la seguridad internacionales, y que han de acatar las resoluciones al respecto. De un modo más general, ha habido una brecha entre la soberanía legal y la *de facto* en el sentido de que la «soberanía» ha sufrido abusos y divisiones o ha sido compartida. Los países también intentan proteger y conservar su «soberanía» al margen de si eso conlleva levantar barreras, restringir la movilidad o participar en agresiones territoriales contra otros.

Ciudadanos de todo el mundo han salido a la calle para protestar contra una determinada arquitectura geopolítica, que combina la globalización neoliberal y la inversión en seguridad y vigilancia masiva. A finales de 2010, diversas manifestaciones en Túnez originaron un movimiento social, más adelante conocido como «Primavera Árabe», al que se atribuyeron diversos cambios de régimen en Oriente Medio (o al menos tentativas). Al mismo tiempo, movimientos sociales como el Movimiento Occupy se mostraban cada vez más activos en todo el mundo y hacían hincapié en que el 99 % de los ciudadanos quedaban excluidos de los beneficios asociados a la globalización. Se percibía que las formas contemporáneas de la globalización neoliberal, lejos de ser un «bien público» claro, eran beneficiosas para las empresas y las élites gubernamentales, sobre todo en sociedades muy estratificadas como Estados Unidos o el Reino Unido, aunque no solo ahí. En su apogeo, se consideró que el Movimiento Occupy había alentado protestas en más de ochenta países y novecientas ciudades; desde entonces, muy pocos Estados de Europa y Norteamérica han quedado a salvo de muestras de nativismo económico y político (tendencia a proteger y defender los intereses de los ciudadanos autóctonos), desórdenes públicos y discusiones políticas polarizadas sobre la austeridad, la inmigración y el reparto de la riqueza. El inicio de una crisis financiera grave y una recesión (2007-2008 en adelante) aumentó la resonancia de esas protestas mientras los gobiernos comenzaban a impulsar las políticas de austeridad y recortes. Más de una década después, quizá no es casual que los debates sobre un orden internacional posliberal hayan coincidido con una crisis estructural de las democracias liberales en Occidente. Han surgido muchísimos líderes políticos, de todo el espectro ideológico, para rentabilizar al máximo la insatisfacción y la indignación.

Si queremos comprender mejor cómo ha cambiado la geopolítica global, hemos de analizar el modo en que los países, entre otros actores, han regulado u opuesto resistencia a procesos relacionados con la globalización. John Agnew habla de «regímenes de soberanía» y distingue diferentes tipos de relaciones y configuraciones espaciales entre autoridad y control estatal que entrecruzan fronteras nacionales y regionales. Así pues, en vez de referirse a la soberanía estatal y a las formas de globalización que entran en competencia con ella, Agnew identifica varias modalidades de «Estados globalistas». Si antes el pensamiento geopolítico tradicional estaba preocupado por los Estados y las diversas vicisitudes de los imperios europeos, varios estudios recientes han analizado el papel de actores no estatales, como por ejemplo, redes, organizaciones regionales, empresas multinacionales y organismos intergubernamentales. Aunque los Estados y conceptos como el de soberanía siguen siendo muy significativos, un entramado de interdependencia y coexistencia está cambiando las relaciones internacionales y las correspondientes geografías globales. Actualmente es habitual leer que los países tienen fronteras múltiples y que la gobernanza se expresa de una manera más global y policéntrica, toda vez que instituciones como el Banco Mundial, las Naciones Unidas, empresas globales de medios de comunicación o la Organización Mundial del Comercio (OMC) desempeñan un papel importante en la configuración del comportamiento global.

Aquí es importante la idea de «intensidad», pues se ha ido haciendo evidente que los países deben responder cada vez a más problemas y flujos que están por encima de las fronteras y las soberanías exclusivas. La lista incluiría indiscutiblemente el cambio climático global, los derechos humanos, el tráfico de drogas o el fantasma de la aniquilación nuclear. Se decía que, a lo largo de los últimos sesenta años, tras la derrota de Japón y Alemania en 1945, había prevalecido una forma concreta de orden global. Auspiciado por los victoriosos Estados Unidos y sus aliados, entre ellos Gran Bretaña, este orden se ha caracterizado por tres rasgos clave: el desarrollo de una economía capitalista global, la creación de las Naciones Unidas y el ascenso de la democracia liberal. Estados Unidos desempeñó un papel crucial a la hora de crear un nuevo orden económico cimentado en dos instituciones: el Fondo Monetario Internacional (FMI) y el Banco Mundial. Estos organismos, cuya existencia empezó a plantearse en Bretton Woods, New Hampshire, en 1944, tendrían la finalidad de alcanzar la estabilidad económica internacional y procurar fondos para la reconstrucción posbélica.

Los «acuerdos de Bretton Woods» pretendían establecer organismos y normas institucionales que regulasen las relaciones comerciales y financieras en la posguerra. En el proceso había que desterrar el peligro de formas agresivas de nacionalismo económico. En el núcleo de este sistema había cuarenta y cuatro países que, en julio de 1944, asistieron a la Conferencia Monetaria y Financiera de las Naciones Unidas. Una vez que se hubieron ratificado los acuerdos, en 1946, cada país tuvo que aceptar que la tasa de cambio de su moneda permanecería dentro de una escala de valores fijos a fin de que el FMI pudiera favorecer y gestionar la estabilidad financiera global. En 1971, el sistema de tipos de cambio fijos se desmoronó, y Estados Unidos suspendió la conversión de dólares a oro.

Después de 1971, las monedas internacionales dejaron de estar vinculadas a tipos de cambio concretos, y los flujos financieros internacionales aumentaron. Diversas ciudades del mundo, como Nueva York, París o Londres, emergieron como centros neurálgicos importantes de la era posterior a Bretton Woods. A medida que los núcleos financieros globales han ido estando más integrados e interconectados, ha surgido la preocupación de que estas «ciudades globales» tengan más en común entre sí que con sus propios territorios nacionales. En Londres, la internacionalización de la Bolsa de Valores en la década de 1980, originó una afluencia de riqueza y especulación que provocó presiones inflacionarias en los mercados inmobiliarios.

Bretton Woods no fue solo un elemento de esta inversión reconstructora. La creación de las Naciones Unidas, en 1945, resultó esencial para la gestión y la regulación de la conducta estatal en el mundo de la posguerra. La Carta de las Naciones Unidas desempeñó un papel clave en el establecimiento de la soberanía y otras normas, como la de no injerencia en los asuntos de otros miembros de la ONU. Por otro lado, diversos tratados internacionales legales, entre ellos el Acuerdo General sobre Aranceles Aduaneros y Comercio (GATT, por sus siglas en inglés), tuvieron su importancia en el mantenimiento de un «reglamento» global. Además, el impulso de Estados Unidos a la democracia liberal como sistema preferido de expresión política fue crucial para legitimar su papel en la Guerra Fría con la Unión Soviética y China, países que promovían públicamente la revolución socialista. Debido al desmoronamiento de la Unión Soviética en 1991, así como al declive de los regímenes socialistas de Europa del Este y otros lugares, diversas instituciones asociadas a la impronta económica y política de Estados Unidos prefiguraron y defendieron efectivamente el desarrollo del capitalismo global basándose en el libre comercio, los mercados abiertos y la inversión extranjera directa. Numerosas empresas multinacionales facilitaron la consolidación de este tipo de escenario económico global mediante sus actividades inversoras y productivas, respaldadas y sustentadas por Estados y gobiernos de todo el mundo.

Todo esto pasaba en un mundo en el que seguía haciéndose notar el legado de la Segunda Guerra Mundial. En febrero de 1945, la Unión Soviética, Estados Unidos y el Reino Unido participaron en una reunión en un complejo turístico de Yalta, Crimea. Este encuentro, en el que estuvieron Stalin, Roosevelt y Churchill, determinó efectivamente el destino de la Europa posterior a 1945. Los principales resultados fueron los siguientes: la Unión Soviética se incorporaría a las Naciones Unidas a cambio de una zona de contención en Europa Central y Oriental; los soviéticos declararían la guerra a Japón; Alemania y Austria serían ocupadas, divididas en cuatro sectores y administradas por los tres participantes en la reunión además de Francia; Alemania debería pagar reparaciones de guerra; y se permitiría que países como Estonia o Letonia siguieran bajo ocupación soviética. Conviene recordar todo esto cuando hablamos de las normas y los principios que avalan la Carta de las Naciones Unidas.

Tendrían que pasar otros cuarenta y cinco años hasta que la geopolítica de Europa se viera alterada en lo fundamental por el hundimiento del régimen de Alemania Oriental y otros gobiernos comunistas en el centro y el este de Europa. La desaparición del Muro de Berlín (construido en 1961) fue uno de los momentos más memorables de esta transformación. A principios de la década de 2000, la Unión Soviética se había desintegrado, antiguos gobiernos comunistas de Europa del Este se habían incorporado a la UE y la OTAN, y Rusia había establecido nuevas relaciones con la OTAN y la UE. En los últimos diez años, la cooperación entre la UE y Rusia se ha complicado, y cuestiones como la fijación de los precios del gas, las injerencias electorales y las *fake news*, la anexión de Crimea y la inestabilidad del este de Ucrania, el control de la inmigración, la seguridad fronteriza y las maniobras militares han acabado constituyendo focos de tensión entre ambas.

Se ha discutido mucho sobre la conexión entre competencia geopolítica y globalización económica. Para algunos, los Estados han sido eclipsados por las enormes exigencias del orden político y económico global. Ciertas instituciones económicas, como el Banco Mundial o el FMI, son capaces, sobre todo en Asia y el África subsahariana, de ejercer un control considerable sobre el gasto público y las políticas macroeconómicas cuando los países han solicitado ayuda financiera. Los denominados «programas de ajuste estructural» imponen condiciones, entre las que en ocasiones se incluyen recortes en el gasto público o el levantamiento de las restricciones a la inversión extranjera. Durante la Guerra Fría, este tipo de acuerdos económicos internacionales tenía repercusiones geopolíticas, pues las organizaciones internacionales dominadas por EE.UU., como el FMI, ejercían más control e influencia en regiones como el África Occidental, importante desde el punto de vista estratégico debido a sus yacimientos de petróleo y gas natural. El geógrafo marxista David Harvey ha aludido a la «acumulación de desposesión» para recalcar la manera en que ciertas instituciones internacionales facilitaron el acceso a mercados y recursos del Tercer Mundo. En otras regiones, como el sudeste asiático, muchos préstamos internacionales fueron a parar directamente a países considerados aliados en la lucha contra las ambiciones socialistas respaldadas por China o la URSS. Por poner un ejemplo, países como Corea del Sur o Malasia resultaron beneficiados, especialmente durante la guerra de Vietnam. Los administradores norteamericanos temían que si Vietnam caía en poder de las fuerzas comunistas, los países vecinos fueran vulnerables a las injerencias socialistas.

Según otros expertos, las organizaciones económicas como el FMI o las empresas transnacionales dependen de su relación con los Estados, si bien es cierto que esa relación se ha visto transformada por flujos y redes globales. Básicamente, los Estados crearon el orden político y económico de posguerra, y Estados Unidos fue el actor más significativo. Por otra parte, las leyes relativas a la propiedad, la fiscalidad y las inversiones regulaban a la vez que protegían las actividades de las compañías multinacionales. Es más útil la noción de «Estado transformado» porque se puede utilizar para recalcar las distintas maneras en que la globalización ha modificado «el estado de las cosas», incluyendo el orden político global. A juicio del geógrafo económico Peter Dickens, los Estados siguen determinando actividades económicas y empresariales específicas y estableciendo reglas dentro y a través de sus jurisdicciones nacionales. Curiosamente, en la actualidad hay más países que nunca, en una época en que algunos han pronosticado la desaparición del Estado como consecuencia directa de la globalización.

Las consecuencias para la geopolítica son enormes. Por un lado, tras la Guerra Fría aparecieron nuevos países y organizaciones regionales, como Eslovenia o la Comunidad de Estados Independientes. El desmoronamiento de la Unión Soviética y la incorporación gradual de Rusia y China a organismos económicos internacionales como la OMC han evidenciado el modo en que los antiguos países socialistas/comunistas están integrados –unos más que otros– en las redes y estructuras vinculadas al desarrollo capitalista global. Se usó la expresión «Consenso de Washington» para describir el modo en que el resto del mundo parecía atenerse a las reglas, las normas y los valores asociados al orden internacional liderado por EE. UU. Las ideas y políticas relacionadas con el neoliberalismo, como los mercados abiertos y la inversión extranjera directa, parecían hegemónicas.

Prevalecía una visión desregulada de la geografía mundial: el planeta como territorio sin fronteras y con flujos de mercancías e inversiones sin restricciones. Se pretendía que el Estado se limitara a ser un facilitador de negocios, de tal manera que ciertas empresas grandes afincadas en EE.UU., como Enron, supieron aprovecharse, en un momento dado, de la relativa falta de estructuras fiscales y judiciales. Durante la década de 1990, expertos como Francis Fukuyama celebraron el triunfo de esas ideas y prácticas ligadas a la democracia y al neoliberalismo auspiciados por EE.UU. En otras palabras, daba la impresión de que Occidente había ganado la batalla de las prácticas y las ideas.

Por otra parte, esa idea del triunfo y la asimilación nunca estuvo clara del todo. El sistema democrático no es la norma general en el mundo: no lo es, por ejemplo, en China, el África subsahariana o ciertas partes del mundo islámico. Incluso cuando la democracia ha aparecido en lugares como Egipto o Argelia, por ejemplo, no ha sido aceptada por los gobiernos autoritarios y los militares de esos países. Como señala el teórico político David Runciman, la fusión entre liberalismo y democracia no es axiomática y el pensamiento y la práctica democráticos antiliberales también tienen una procedencia europea. La adopción del neoliberalismo económico ha suscitado mucha oposición en numerosos países del Sur global, así como en Europa Occidental y Estados Unidos. En la actualidad, algunos hablan de un Consenso post-Washington o incluso de un Nuevo Consenso de Washington, en virtud del cual el neoliberalismo pretende resucitar y favorecer cambios a escala micro en esferas como la salud o el desarrollo de las comunidades, evitando al mismo tiempo cuestiones relativas a por qué los gobiernos, los mercados y las empresas quizá no estén actuando como es debido precisamente con estas comunidades.

La eclosión de los movimientos antiglobalización y luego contra la austeridad son las expresiones más obvias de esa oposición a la constante presencia del neoliberalismo económico y político. En muchos países, hay una sensación palpable de indignación contra las élites que no fueron capaces de prever y gestionar la crisis financiera de 2008. El ascenso del populismo es un recordatorio de que la austeridad (una preocupación de la izquierda) y la inmigración (una preocupación de la derecha) han contribuido a manifestaciones de cólera contra el modo en que se ha abordado el movimiento de personas y capital. Mientras unos quieren ir en busca de una vida mejor, otros temen por su empleo y su bienestar a causa de los recién llegados. Para las formas populistas de la geopolítica, el control de las fronteras acaba siendo algo indiscutible. Las guerras civiles y los conflictos internacionales ejercen una presión añadida para que los países y las comunidades acojan a refugiados, solicitantes de asilo e inmigrantes.

Las primeras señales de oposición y animadversión hacia las «élites» surgieron en la década de 1990 en ciudades como Colonia, Génova, Londres y Seattle. Coincidiendo a menudo con reuniones de la OMC o del G8 (grupo de las ocho principales economías del mundo), los críticos de la globalización han censurado la manera en que el neoliberalismo erosiona las fronteras nacionales y, en consecuencia, expone a las comunidades a injerencias no deseadas de corporaciones globales, instituciones internacionales y/o potencias hegemónicas. Lo que preocupa es que ciertos flujos que cruzan el territorio estén aplastando a comunidades locales, sin que los gobiernos nacionales sean capaces de controlarlo.

El movimiento antiglobalización sigue siendo diverso y atrae a partidos políticos y organizaciones de todos los países. Este tipo de iniciativas se vieron reforzadas por la aparición del Movimiento Occupy, que en octubre de 2011 empezó a actuar como una corriente internacional de protesta contra la desigualdad socioeconómica (recuadro 5). Inspirado por la Primavera Árabe y el movimiento de los Indignados de España y Portugal, hubo multitudinarias movilizaciones contra la concentración de la riqueza global y la corporativización de la geopolítica global. La palabra «Occupy» [Ocupa] era importante, pues se trataba de un movimiento de disconformidad muy geográfico. Aunque exigía una reevaluación de la globalización neoliberal y la interacción del sistema financiero internacional, era también un desafío espacial. En el mismo mes, se organizó un campamento de protesta frente a la Catedral de San Pablo de Londres. El lugar no era casual. Con esa cercanía al centro financiero de Londres se pretendía recalcar la estrecha relación entre el gobierno britínico y el sector bancario internacional, aunque también formular preguntas sobre el papel que la sociedad civil y el tercer sector (incluidas las organizaciones religiosas) debían desempeñar frente a la crisis financiera y la austeridad en curso.

Recuadro 5. Ubicación de las protestas: Zucotti Park, Nueva York

Zuccotti Park, o Liberty Plaza Park, no era un lugar demasiado conocido más allá de los neoyorquinos y los visitantes ocasionales. Situado en Lower Manhattan, resultó dañado por los atentados del 11 de septiembre de 2001 contra las Torres Gemelas. Rebautizado después de que el parque fuera adquirido por una empresa en 2006, tras los atentados del 11 de septiembre albergó diversos actos conmemorativos. Una década después, Zucotti Park se convertía en el emplazamiento de una actuación geopolítica totalmente distinta, en la que la ciudad de Nueva York (y Estados Unidos) no era recordada como víctima de la violencia, sino como centro generador de desigualdad en todo el mundo. El 17 de septiembre de 2011, numerosos manifestantes se congregaron en Zucotti Park para poner en marcha «Occupy Wall Street». Se escogió ese lugar no solo porque estaba cerca del centro financiero de Nueva York, sino también porque era un parque de propiedad privada que las autoridades municipales no podían cerrar. Así pues, los dueños del parque, Brookfield Properties, el Ayuntamiento de Nueva York y la Policía de la ciudad se vieron atrapados en una serie de conflictos físicos y legales para restringir el acceso al parque e impedir que ahí se montaran tiendas y tenderetes. A día de hoy, estas restricciones siguen vigentes, pero las protestas suscitaron un debate nacional e internacional, y algunas perso-

> nas destacadas como Naomi Wolf llegaron a ser detenidas mientras mostraban su apoyo a los manifestantes.

La decisión de los británicos de abandonar la UE en junio de 2016 puso encima de la mesa diversos debates sobre la inmigración, las fronteras abiertas o el control de la gobernanza. Tanto los ciudadanos como los partidos británicos de todo el espectro político se encontraban muy divididos respecto al modo en que el Reino Unido se adaptaba o no a las estructuras de gobernanza global y regional. En todo caso, se considera más bien que el Brexit, más que representar cierta oposición a la globalización, es una expresión de nacionalismo económico y de rechazo a la inmigración. El eslogan «Gran Bretaña Global» fue adoptado por el gobierno para indicar que no se trataba de rechazar lo global, sino de que fuera el Reino Unido, y no la UE, el que estableciera las bases de su nueva relación con el mundo.

Globalización neoliberal y el futuro del orden internacional liberal

¿Cómo se conectan la globalización neoliberal con el futuro del orden internacional liberal? Mientras la globalización neoliberal se intensificaba (con gobiernos como el de EE.UU. y el Reino Unido enfatizando la accesibilidad a los mercados y políticas fiscalmente ventajosas para las empresas a la vez que restringían la implicación del Estado en el sector público), la guerra contra el terrorismo también provocó un aumento del gasto en el ámbito militar y de seguridad a partir de 2001. Como consecuencia, surgió una preocupación por que se desdibujara la diferencia entre lo nacional y lo internacional a causa de las prácticas transnacionales de seguridad, las cuales se proponen garantizar espacios políticos y económicos seguros en ciudades europeas y norteamericanas mientras atajan la violencia y el desorden en otras partes del mundo, como Siria, Irak o Afganistán. En otras palabras, existe un interés creciente por cómo las personas son objeto de políticas de vigilancia y seguridad, con independencia de dónde se encuentren. Desde luego, los lugares todavía importan en el sentido de que la naturaleza y el alcance de esta labor de vigilancia y seguridad varían, por lo que unos grupos serán más precarios e inestables que otros. En cualquier caso, ¿está la globalización en general pareciéndose cada vez más a un proyecto de seguridad global (recuadro 6)?

Recuadro 6. Furia urbana

En su libro *Urban Rage*, el geógrafo urbano Mustafa Dikeç explica de forma convincente por qué en los últimos años se han producido disturbios y protestas en muchas ciudades de Europa y Norteamérica. Desde Ferguson, Misuri, hasta Londres, París, Estocolmo o Estambul, en Europa, el autor identifica la exclusión y la injusticia como motivos fundamentales. La vivienda cara, las políticas racistas, las privaciones sociales, la deslocalización económica, los nacionalismos agresivos y las medidas contrarias a la inmigración tendrían efectos tóxicos. Peor aún: se afirma que los sistemas democráticos nacionales y locales reaccionan con lentitud, y a veces con indiferencia, ante la exclusión y la desigualdad. En algunos casos, como el de la ciudad de Ferguson, la policía llega a aparecer ante los ciudadanos afroamericanos como si fuera una fuerza paramilitar; por su parte, las autoridades municipales parecen decididas a sancionar a estos ciudadanos por cosas como merodear o cruzar la calle de manera imprudente. Estas percepciones alimentan la furia urbana entre los pobres y vulnerables e impulsan movimientos sociales como el de Black Lives Matter («las vidas negras importan»).

Para complicar todavía más las cosas, diversas ciudades norteamericanas y europeas, como Toronto o Barcelona, han sufrido atentados terroristas. En agosto de 2017, una furgoneta atropelló a un gran número de transeúntes en el centro de Barcelona y murieron catorce personas; en abril de 2018, en Toronto, diez personas fallecieron cuando una camioneta embistió a un grupo de gente que esperaba el autobús. Los autores de estos hechos no tenían nada en común entre sí; en un caso eran yihadistas y, en el otro, un misógeno violento y solitario, pero en cierto sentido el resultado fue el mismo: las ciudades se convierten en escenario de las expresiones de rabia y violencia.

Diversos científicos sociales, de la geografía política y ámbitos afines como los estudios sobre relaciones internacionales y seguridad, sostienen que la actual arquitectura política está basada más en la administración que en la contención. Así pues, garantizar la globalización neoliberal acaba dependiendo de formas más profundas de intervención en la vida de ciudadanos de todo el mundo. En ese sentido, estrategias como la de «las ventanas rotas», usada originariamente en Nueva York en las décadas de 1980 y 1990 para legitimar una reforma de la vida urbana, se vuelven a utilizar ahora de un modo más general para reclamar más gobernanza, vigilancia y presencia policial. En el contexto original de Nueva York, la idea era que había que combatir cualquier tipo de conducta criminal, por pequeña que fuera, como los grafitis. El argumento era que, si las autoridades municipales eran incapaces de atajar los «pequeños delitos», los delincuentes creerían que menos aún se perseguirían los delitos «graves», como los atracos o las agresiones violentas. Había que tomarse en serio las ventanas rotas.

Esta analogía es profundamente espacial. En la ciudad de Nueva York había lugares donde hacía falta más gobernanza, como el metro. No obstante, la analogía era acertada también porque hacía hincapié en el flujo y la movilidad: los responsables de esas ventanas rotas eran personas que debían ser localizadas y procesadas. Y, lo que es peor, la inacción en un lugar de la ciudad podría hacer que las «ventanas rotas» se extendieran a otros lugares. Por tanto, los «Estados débiles» o los territorios «débilmente gobernados», incluso en sitios como Nueva York, son alarmantes precisamente porque podrían desestabilizar y perturbar otras zonas. Desde las calles de Nueva Orleans, tras el huracán Katrina de 2005, hasta las callejuelas de Bagdad, se dice que la yuxtaposición de ventanas rotas/tolerancia cero ha posibilitado nuevas prácticas empresariales y de seguridad, lo que, según Naomi Klein, da poder a las empresas para invertir, intervenir y regular mediante la actuación policial, la fiscalidad y la vigilancia. El Irak posterior a la invasión enseguida se convirtió en una oportunidad segura para innumerables corporaciones y empresas, entre ellas Halliburton, Bechtel o Blackwater. Y ciudades como Nueva York o Londres se volvieron más seguras y atractivas para los negocios, así como para los turistas.

A más largo plazo, parece que estemos asistiendo a la hibridación de dos tipos de arquitecturas geopolíticas: por un lado, las basadas en la contención espacial y, por otro, las respaldadas por la administración espacial. La globalización neoliberal, con el debido hincapié en la accesibilidad a los mercados y su privatización, estimula ambas variantes. No obstante, el presidente Trump se mostró crítico con las «fronteras abiertas» y con el comercio global. Su visión era más proteccionista y cautelosa con respecto al «precio» que EE. UU. paga por apoyar y sostener el orden geopolítico y económico internacional surgido en las décadas de 1940 y 1950.

En un futuro probablemente se hará aún más énfasis en la adquisición espacial, el adelgazamiento del Estado y el control de las fronteras. Desde el punto de vista interno, como el Estado abandona cada vez más la provisión del sector público, seguramente se expandirá más en ámbitos como la actuación policial o la vigilancia. Las comunidades urbanas pobres se llevarán la peor parte de esta evolución, pues son las más susceptibles de ser consideradas perjudiciales para los negocios del Estado. Ciertas expresiones, como la «furia urbana», aparecen justamente cuando las comunidades se sienten castigadas y marginadas. Infinidad de nuevas tecnologías y datos (por ejemplo, macrodatos, automatización o aprendizaje automático) facilitarán más intervenciones, a menudo en nombre de una gobernanza más eficiente. Las poblaciones serán cada vez más estudiadas y supervisadas en función de las tendencias demográficas y socioeconómicas. Es probable que los gobiernos sean más propensos a los nacionalismos protectores y las fronteras cerradas, lo cual no estará demasiado en sintonía con un mundo que parece estar en continuo movimiento o sometido a cambios extremos. Algunos países pequeños y situados a baja altitud quizá se vean abrumados por un aumento del nivel del mar, mientras otros intentan aprovecharse de una demanda creciente de recursos, como alimentos, tierra o energía.

¿Arquitecturas populistas?

Pese a las protestas tras la crisis financiera global y su impacto en los ciudadanos de todo el mundo, el neoliberalismo se intensifica y sigue ejerciéndose presión sobre los gobiernos y los Estados para que reduzcan su gasto público y se vuelvan lugares cada vez más atractivos para los negocios y las inversiones globales. En el Reino Unido y Estados Unidos, por ejemplo, los gobiernos se han visto apremiados a reducir el gasto y animar a los ciudadanos a desarrollar estrategias más resilientes, haciendo recaer en ellos la responsabilidad de prepararse mejor para nuevas crisis. En la Europa continental ha habido una airada reacción de la sociedad civil contra estos recortes del sector público y estas apelaciones a la resiliencia ciudadana. En países como Grecia, atrapados en complejas restricciones financieras que implican a instituciones de la Unión Europea, se han producido protestas generalizadas y un agravamiento de la pobreza tal que las entidades dedicadas a la beneficencia han tenido que intervenir para llenar los vacíos dejados por un Estado en retirada. Para agravar esta retracción y esta austeridad, la transformación política del norte de África y de Oriente Medio ha renovado la inquietud suscitada por los flujos incontrolados de inmigrantes que, en los últimos años, han provocado varias crisis.

Lo que vuelve todo esto más preocupante para las democracias liberales de Europa y Norteamérica es un aparente debilitamiento del compromiso con el orden internacional liberal. Desde Donald Trump en Estados Unidos a Viktor Orbán en Hungría, muchos dirigentes políticos han sacado provecho del malestar, la indignación y el miedo ante la posibilidad de que los gobiernos no sean capaces de proteger a sus ciudadanos ni de procurarles un empleo estable. Las geopolíticas nacional e internacional se entrecruzan; por otro lado, hemos visto muchísimos ejemplos de ciudadanos que respaldan el populismo e incluso el nativismo, y de otros que les oponen resistencia. El orden internacional liberal está sometido a fuertes presiones, pero existe igualmente la disposición a defender sus valores y prácticas fundamentales. En cualquier caso sigue siendo una cuestión discutible si está preparado para gestionar un mundo sometido al calentamiento global y con una población de diez mil millones de personas. No debería perderse de vista una cosa: el mismo orden liberal por cuya salud algunos están tan preocupados es el mismo que, en opinión de muchos, ha preferido proteger los intereses y los deseos de los segmentos más ricos y privilegiados de la humanidad, con frecuencia a costa de todo lo demás, ya fueran personas, especies o entornos.

4
Geopolítica popular

Durante buena parte de la pasada década, las dimensiones visuales y populares de la geopolítica y de la política internacional suscitaron un creciente interés. Aunque en Estados Unidos y otras partes la relación entre los gobiernos y la industria del entretenimiento está consolidada, esta intersección también puede ser complicada. La censura y la represión suelen ir de la mano con la promoción y el apoyo. Sin embargo, tanto si se trata de cómics satíricos como de programas televisivos de gran audiencia, los expertos han llamado la atención sobre el modo en que la geopolítica acaba siendo representada y aprobada mediante productos audiovisuales de la cultura de masas. La distinción entre geopolítica formal, práctica y popular suele ser difusa. Por ejemplo, si un presidente de EE. UU. recurre a Twitter para anunciar iniciativas de política exterior, es peliagudo determinar dónde comienzan y terminan lo práctico y lo popular, así como la incidencia real que tienen estos tuits en los ciudadanos.

Los medios digitales han permitido a otros actores (entre ellos organizaciones no gubernamentales, empresas, grupos terroristas, entidades benéficas, movimientos populares y ciudadanos) ocupar el espectro geopolítico, además de producir y difundir sus propios reportajes y noticias. Las situaciones geopolíticas complejas pueden ser narradas y explicadas en 140/280 caracteres, vídeos cortos o llamativos gráficos concebidos para que se pueda acceder a ellos mediante teléfonos inteligentes o tabletas. La geopolítica popular es muchísimo más accesible y participativa para todo aquel que tenga acceso a internet y a las redes sociales. Dentro de los límites de lo razonable, cualquier persona es capaz de aportar y difundir su propia geopolítica popular. Por otra parte, hay muchas oportunidades para que personas o entidades sin escrúpulos generen usuarios falsos y bulos. Un verdadero embrollo.

La geopolítica se pone a sí misma de manifiesto en el ámbito cultural popular. En vez de ser solo representativa del negocio «real» de la geopolítica, es más provechoso considerar esta relación como co-constitutiva. Así pues, en vez de mirar, pongamos, una película sobre fuerzas estadounidenses actuando en Irak (por ejemplo, *En tierra hostil*, dirigida por Kathryn Bigelow en 2009) y preguntarnos si ofrece una descripción realista del conflicto, formulamos otro tipo de preguntas. El *thriller* de acción, ¿cómo refuerza o altera determinados planteamientos de la invasión y la ocupación de Irak sostenidos por Estados Unidos? Las intervenciones artísticas, ¿ayudan a constituir percepciones públicas de actores y lugares clave? Estas intervenciones ¿resultan más significativas cuando se dirigen a un público sin experiencia previa de los temas sobre los que versan? Por último, las manifestaciones culturales populares como las películas, la televisión, las redes sociales, los videojuegos, los libros, etc., ¿nos recuerdan que la geopolítica se basa esencialmente en la interpretación de un estado de cosas? Como sucede con las categorías genéricas que relacionamos con el cine y la televisión, ¿hay distintas clases de geopolítica basadas en *thrillers* de acción, dramas, horrores, desastres, romances y fantasías? En mayo de 2003, el presidente Bush decidió recrear un tecno-*thriller* de la época de Reagan (*Top Gun: Ídolos del aire*): tras viajar en un avión a reacción de la Armada de los EE.UU. que aterrizó en un portaaviones, declaró que se había cumplido la misión de liberar Irak.

En este capítulo se hace hincapié en la interconexión de la cultura popular y la geopolítica. No es que la cultura popular simplemente actúe como ventana al mundo real de la geopolítica, sino que se consideran inseparables. Por ello, no pretendo centrarme en si algo es realista y/o fantástico, sino en el carácter sensorial de la geopolítica popular: en el poder de las imágenes y el sonido para hacer política. Las redes sociales en concreto nos recuerdan que las imágenes y las historias/reportajes pueden ampliar y exagerar las características más controvertidas y emotivas de la geopolítica.

Sabemos desde hace décadas que ciertos medios populares, como el cine y la televisión, tienen una incidencia significativa en la conformación de las culturas geopolíticas. Se ha dicho que series de televisión como *24* y *Bajo escucha* (aunque a la lista cabría añadir otras como *The Americans*, *Homeland* o *Battlestar Galactica*) han contribuido a difundir conocimiento, por ejemplo, sobre la guerra contra el terror o el legado de la Guerra Fría. En Escandinavia, el denominado «noir nórdico» ha brindado abundantes ejemplos de programas televisivos que abordan la corrupción de alto nivel, los escándalos de su política exterior o las relaciones geopolíticas de estos países con la OTAN y Rusia. La serie noruega *Occupied* (2015) plantea un escenario futuro en el que Noruega es ocupada por fuerzas rusas en nombre de la Unión Europea. En Filipinas, la serie televisiva *Amo* (2018) lleva a cabo un análisis implacable de cómo el gobierno del presidente Rodrigo Duterte está librando una guerra contra las drogas.

Lo importante es que también consideramos a quienes consumen esta geopolítica popular como sujetos activos capaces de aportar una amplia gama de conocimientos y prácticas intertextuales a contenidos concretos de los medios de comunicación. *Occupied,* con la ocupación ficticia que plantea a cargo de las fuerzas rusas, seguramente suscite sentimientos muy distintos entre los espectadores noruegos que entre un público británico que viera la misma serie. Los expertos en medios de comunicación emplean términos como «intertextualidad» para recalcar el modo en que las audiencias construyen significado y utilizan conocimientos «de sentido común» sobre geopolítica y seguridad. No está claro hasta qué punto es lógico establecer alguna diferencia entre «realidad» y «ficción» dado el alto grado de interacción e interpenetración de lo que James Der Derian denomina «complejo militar-industrial-mediático-de entretenimiento» (MIME-NET, por sus siglas en inglés). Todo esto, sugiere Der Derian, ha hecho que cada vez esté menos clara la diferencia entre lo civil y lo militar, lo real y lo simulado, los productores y los consumidores.

Geopolítica popular y culturas mediáticas

Al centrarse en la geopolítica popular, Halford Mackinder abordaba las estructuras educacionales y de ciudadanía más formales de los países y los imperios.

Para Mackinder, objetos materiales como los atlas o los globos terráqueos fueron merecedores de un análisis más detallado en la Gran Bretaña de finales del siglo XIX y principios del XX. En esa época, los medios de comunicación de masas se encontraban en pañales en comparación con la situación actual, en la que están mucho más extendidos, tienen un carácter mucho más participativo y son mucho más digitales que analógicos. La comunicación popular y las culturas mediáticas se han transformado radicalmente desde 1945, desde la generalización del televisor hasta los tiempos actuales, caracterizados por entornos multimedia, tecnologías inteligentes y más capacidad de los ciudadanos para interactuar con medios como la televisión, las redes sociales o el vídeo. Cada uno de nosotros tiene su «firma mediática», determinada por el acceso, la propiedad, la producción y la interacción con una serie de organizaciones y objetos mediáticos, entre ellos los periódicos, la radio, la televisión, los teléfonos inteligentes, los videojuegos o las redes sociales.

La cultura popular es, por naturaleza, creativamente diversa, geográficamente dispersa, comercialmente variada y políticamente multifacética. Incluye el análisis de la producción, el contenido y el consumo de música pop coreana, películas de Hollywood, dibujos animados japoneses, periódicos británicos, revistas de moda australianas, anuncios sudafricanos o videojuegos iraníes. No obstante, el uso global de las redes sociales procura otro ejemplo revelador. Casi dos mil millones de personas utilizan Facebook con regularidad, pero casi todas están en Europa, las Américas y ciertas partes de África y Oceanía. Como Facebook y Twitter están bloqueadas en China, sus internautas cuentan con otras redes sociales populares, como

QZone, QQ o WeChat, mientras que en Rusia se usan las plataformas VKontakte y Odnoklassniki. La censura gubernamental y el control de las organizaciones mediáticas en China y Rusia, igual que en Irán y Corea del Norte, dificultan a los ciudadanos el acceso a fuentes periodísticas y medios digitales, lo que limita el flujo de información y cultura. Rusia e Irán promueven sus propias empresas estatales de televisión: RT y Press TV, respectivamente.

La producción, la circulación y el consumo de noticias y entretenimiento son intrínsecamente irregulares y desiguales, pues ciertos agentes y comunidades son más capaces de producir, difundir y acceder a diferentes fuentes. En lo tocante a la producción formal de noticias, unas pocas grandes corporaciones como CNN International, Time-Warner, Fox y la BBC tienen gran influencia a la hora de determinar el contenido y la programación de las emisiones, al margen de los regímenes nacionales e internacionales, los cuales pueden ejercer, y ejercen, cierto control sobre los entornos de audiencias. El reportaje periodístico, el programa de televisión y el *podcast* de internet ayudan a establecer qué personas, lugares y acontecimientos se consideran de interés periodístico. Después, estas decisiones influyen en las respuestas de los espectadores, con historias sobre víctimas y culpables, explotadores y explotados, grupos e individuos con nombre y anónimos. Pese a la expansión exponencial del denominado «periodismo ciudadano» y de las tecnologías de los teléfonos inteligentes (que incluyen sistemas de grabación de vídeo que pueden enviarse de manera inmediata por correo electrónico o compartirse en Twitter), a los productores mediáticos como la BBC todavía se les concede una considerable credibilidad por el modo en que examinan y evalúan el material que difunden. Las culturas mediáticas varían muchísimo de un lugar a otro.

Sin embargo, los nuevos protagonistas, como Google, Facebook, Amazon o Netflix, están cambiando y desafiando tanto a los proveedores de medios tradicionales como a los proveedores de noticias digitales, como Vox, Salon o Twitter. Las principales fuentes de noticias para muchos ciudadanos de todo el mundo son plataformas mediáticas como Facebook, que en la actualidad cuenta con dos mil millones de usuarios. Por otro lado, estas fuentes de noticias se rigen mediante algoritmos, sería razonable preguntarse cómo afecta esta realidad tanto al tipo de noticias que nos llegan como al propio acceso a la información. En un estudio de 2017 del Centro de Investigaciones Pew, casi el 70 % de los norteamericanos decían utilizar las redes sociales para informarse. El estudio daba a entender que los ciudadanos de mayor edad, con menos formación y no blancos eran más propensos a emplear exclusivamente las redes sociales para estar al día. Si la geopolítica popular está volviéndose más «hecha a la medida», ¿podría deducirse que la dimensión popular de la geopolítica tiende potencialmente a crear mayor división? Muchos lectores de edad avanzada sin duda recordarán, que en numerosos países, los niños y los adultos tenían acceso a un escaso número de periódicos, así como de emisoras de radio y de televisión. Y tampoco existían muchas posibilidades de difundir y promover las impresiones personales o la opinión que nos suscitaba un contenido televisivo o el artículo de un diario.

Por tanto, el poder geopolítico de las redes sociales y de los medios más tradicionales reside no solo en la naturaleza de la propia emisión, sino también en la manera en que se enmarcan y se seleccionan los sucesos, las personas y los lugares y se interacciona con ellos. Esto también genera numerosos interrogantes en torno a cómo se comparte y difunde la información en una época en que la radiodifusión pública ha perdido importancia y en la que es posible desvirtuar noticias e informaciones mediante la manipulación de imágenes, la monetización de datos personales o la propagación de noticias falsas. La divulgación de imágenes y de información puede servir también para que los gobiernos, los movimientos sociales y otros agentes tomen medidas. Los espectadores pueden reaccionar telefoneando a amigos, escribiendo cartas a periódicos, mandando correos electrónicos a departamentos gubernamentales, difundiendo imágenes de vídeo, montando campañas en Facebook o redactando tuits. Por tanto, las representaciones de lugares y personas pueden provocar toda clase de reacciones emocionales y exigencias de acción política, y de distintas maneras. La geopolítica popular aborda lo que es emitido y las formas en que las audiencias producen, hacen circular e interactúan con materiales audiovisuales.

Son muchos los que en Oriente Medio y el mundo islámico consideran que sucesos como la guerra civil en Siria, la Primavera Árabe o la tensión entre Israel e Irán han sido potenciados y magnificados por los medios de comunicación formales y, cada vez más, también por las redes sociales (recuadro 7). En la actualidad, es casi inconcebible que no se produzca periodismo ciudadano mediante las redes cuando se producen episodios importantes como el derrocamiento de gobiernos, la revelación de atrocidades –por ejemplo, las masacres debidas a ataques con armas químicas– o cualquier conflicto civil. En todo caso, esta clase de imágenes y sonidos han puesto en entredicho las ideas de amplios sectores de la población civil, que cada vez están más dispuestos a promover sus demandas y tienen mayor capacidad para hacerlo. El filósofo francés Jacques Rancière identifica lo que denomina «regímenes estéticos», sistemas que determinan el tipo de imágenes que se pueden producir y difundir. En Irán, unos vídeos de chicas que bailaban en la calle (algunas con el pelo descubierto) derivaron en un debate político porque escandalizaron a los conservadores del país. En opinión de muchos, esas exhibiciones de conducta impúdica estaban socavando la República Islámica de Irán. Algo que en Occidente habría sido considerado una rutina, allí se tachó de subversivo.

> **Recuadro 7. Te amamos: YouTube, Israel e Irán**
>
> En marzo de 2012, unos pacifistas israelíes colgaron en YouTube un vídeo corto en el que aparecían varios hombres, mujeres y niños con el propósito de tranquilizar a los iraníes y convencerlos de que no «odiaban» a Irán. Además, muchos de ellos dejaban claro que cuestionaban activamente las afirmaciones del gobierno israelí de que Irán suponía una amenaza para la existencia de Israel. Con el «Imagine» de John Lennon como tema de fondo, las secuencias de israelíes corrientes profesando «amor» a Irán (aunque no hubieran visitado nunca el país ni hubieran conocido a ningún iraní) pretendían refutar el contexto político dominante en el que este vecino era representado

como un peligro. Aunque desconocemos la amplitud de la audiencia que llegó a tener en Irán, el vídeo propiamente dicho formaba parte de un movimiento israelí antibelicista más amplio que denunciaba la posibilidad de ataques aéreos contra infraestructuras militares y nucleares en Irán. Al mismo tiempo, en Facebook se lanzó una campaña llamada «Israel ama a Irán».

«Israel ama a Irán» es tanto un movimiento pacifista como una iniciativa de las redes sociales. En todo caso, es también un ejemplo de diplomacia pública no vinculada a ningún gobierno, ni al israelí ni al iraní. Creada por un diseñador gráfico llamado Ronny Edry, su publicación inicial en Facebook, donde declaraba «iraníes, os amamos, jamás bombardearemos vuestro país», alentó más campañas e inspiró el movimiento «Irán ama a Israel» (fundado por Majid Nowrouzi). Esta clase de iniciativas también han promovido reuniones de terceros e intercambios de vídeos/fotografías, en los que suelen aparecer escenarios cotidianos, incluyendo la vida familiar. Más adelante, Edry y Nowrouzi se vieron en persona en Estados Unidos; y a continuación, se emprendió una campaña con la finalidad de que fuesen nominados conjuntamente para el Premio Nobel de la Paz.

Hollywood y el «cine de seguridad nacional» de la Guerra Fría

Los expertos en historia cultural, RI y geografía política analizan cómo la producción y la difusión de películas recogen e interactúan con ideas y discursos asociados a la geopolítica y la seguridad nacional. Diversos análisis institucionales llaman la atención sobre el hecho de que la industria del cine y del entretenimiento colabora con instituciones gubernamentales como el Departamento de Defensa o las Fuerzas Armadas de los Estados Unidos. Por ejemplo, ¿por qué la Armada estadounidense respaldó el «cómo se hizo» del taquillazo de 1986 *Top Gun: Ídolos del aire* si no es porque creía que describía sus actividades de una manera positiva? Quienes tienen en las representaciones de la seguridad nacional su objeto de estudio tienden a centrarse en arcos narrativos, caracterizaciones, lugares y diálogos; si bien otra línea productiva de investigación es pensar en cómo ciertos actores (como John Wayne, Rock Hudson y más adelante Clint Eastwood) a menudo fueron escogidos para encarnar a tipos duros encargados de la seguridad nacional de Estados Unidos (por ejemplo, Rock Hudson en *Estación Polar Cebra* [1968] y Clint Eastwood en *Firefox* [1982]), o para recrear la violencia o las experiencias violentas en la frontera estadounidense (por ejemplo, John Wayne en *Centauros del desierto* [1956]). Una vez hecho esto, podríamos preguntarnos por los papeles que desempeñaron las mujeres, la gente de color o los niños en esas películas. Determinados actores/personajes, ¿encarnaron activamente la imaginación geopolítica dominante en Estados Unidos al mostrar resiliencia, liderazgo y fuerza?

Como la experiencia directa de Norteamérica era cada vez más limitada, Hollywood generó toda una serie de películas, etiquetadas como «cine de seguridad nacional», que describían, de una forma muy imaginativa, las amenazas afrontadas por Estados Unidos al tiempo que aleccionaban a los espectadores sobre los valores y las prácticas que el país representaba. La larga lista incluye a fuerzas soviéticas y comunistas en general, nazis, terroristas, extraterrestres, meteoritos, fuerzas naturales incontrolables y máquinas. Dada la enorme popularidad de las producciones de Hollywood dentro y fuera de Estados Unidos, como es lógico se ha considerado que ciertas películas han contribuido muchísimo al prestigio y a la importancia de este país en el mundo. Derrotar a los enemigos ayudaba a consolidar discursos y prácticas de heroísmo, superioridad militar, liderazgo y lealtad a la República.

Durante la Guerra Fría, la mayoría de los norteamericanos no había conocido jamás a un ciudadano soviético ni había viajado a la URSS. Lo mismo cabría decir en cuanto a la China comunista y un sinfín de otros regímenes rechazados por Estados Unidos. Los pocos que sí lo hicieron seguramente eran miembros de las fuerzas armadas, gente del mundo de los negocios, artistas, deportistas y desde luego espías. Para casi todos los norteamericanos, la descripción de Churchill de «telón de acero» que atravesaba Europa en 1946 era perfectamente lógica, como lo era también para muchos europeos a uno y otro lado de la línea divisoria entre Europa Central y Europa Oriental. El cine, la radio y más adelante las imágenes de televisión desempeñaron un papel decisivo en la formación de las opiniones de los estadounidenses sobre la Unión Soviética y sobre la amenaza que suponía el comunismo dentro y fuera de EE.UU. Además ayudaron a consolidar, en general, un sentido de la identidad norteamericana; la tierra de la libertad, un faro de la democracia y un «estilo de vida» liberal que el presidente Truman había descrito en 1947.

Según los historiadores del cine, las películas norteamericanas de la época de la Guerra Fría vivieron su mejor momento en las décadas de 1940 y 1950. En una época anterior a la penetración generalizada de la televisión en los hogares, la gente iba al cine en masa no solo a ver películas, sino también para ver noticiarios y documentales. Estas películas son todavía más significativas porque las empresas de Hollywood estaban muy vinculadas a diversos organismos gubernamentales, como los departamentos de Estado y de Defensa o la CIA. En 1948, el Pentágono creó una oficina especial de enlace como parte de la Subsecretaría de Defensa para Asuntos Públicos, que fue importantísima para moldear tramas y argumentos y determinar si la cooperación se extendía a cualquier producción que deseara utilizar equipamiento y personal militar estadounidense. Películas como *El día más largo* (1961) disfrutaron del respaldo del Pentágono a pesar de que parte del personal militar tuvo que abandonar el plató debido al empeoramiento de la situación en Berlín, episodio que culminó cuando los alemanes orientales construyeron el muro que dividiría la ciudad hasta noviembre de 1989.

El Pentágono cooperó estrechamente con productores como Frank Capra y proporcionó asesoramiento, material y personal para su serie *Por qué luchamos*, que tuvieron que ver obligatoriamente todos los militares de EE. UU. Esta serie en concreto evidenciaba la importancia que, según las autoridades norteamericanas, tenían los medios visuales en la conformación de la opinión pública y militar. Habida cuenta del grado de amenaza aparente que suponía la Unión Soviética, no era de extrañar que para otras organizaciones, como la Agencia de Información de los Estados Unidos o la CIA, las películas fueran un elemento vital en la campaña pública para concienciar a los ciudadanos norteamericanos sobre los peligros representados por los soviéticos e informar también a otros de fuera del país. La CIA aportó fondos en secreto a la película de animación *Rebelión en la granja*, estrenada en 1954, precisamente porque el libro de George Orwell se consideró muy adecuado dadas sus alusiones a las promesas incumplidas de la Revolución rusa de 1917.

Durante las décadas de 1940 y 1950, las productoras de Hollywood no necesitaban injerencias ni fondos gubernamentales para convencerles de que la Unión Soviética, y en un sentido más general el comunismo, suponían un peligro para el estilo de vida americano. En esa época, EE. UU. y la Unión Soviética habían chocado por el futuro de Berlín y de la península de Corea. En 1949, los soviéticos, gracias a la ayuda y la complicidad del espía Klaus Fuchs, confirmaron su condición de potencia nuclear. Películas como *Mi hijo John* (1952), *Marte, el planeta rojo* (1952) o *El enigma de otro mundo* (1951) hacían públicas las conexiones entre las amenazas y los peligros arrostrados por los norteamericanos en aquel período de incertidumbre. Mientras el primer filme hacía hincapié en la capacidad del comunismo para condicionar y debilitar las brújulas morales de los jóvenes, el segundo y el tercero se centraban en el peligro que suponían los extraterrestres para la seguridad nacional. Tomadas en conjunto, estas películas parecían sugerir la necesidad de una vigilancia permanente y de un freno a ese peligroso idealismo vinculado al comunismo.

Diversas figuras políticas y religiosas norteamericanas, como William Buckley, Billy Graham o John Foster Dulles también se sumaron a esta contundente discusión y disección de la Unión Soviética y la Amenaza Roja. Graham, en concreto, recalcaba las profundas diferencias entre la atea Unión Soviética y la cristiana Norteamérica. Para cimentar aún más el mensaje de filmes tan conservadores como los mencionados, a finales de la década de 1940 y principios de la de 1950, el Comité de Actividades Antiamericanas de la Cámara de Representantes (HUAC, por sus siglas en inglés) emprendió una agresiva campaña política. En 1947 se iniciaron las sesiones, durante las cuales se oyeron declaraciones de «testigos afines» a la causa: productores, guionistas y actores relacionados con la industria cinematográfica. Fueron interrogadas un total de 41 personas; por otro lado, diversos profesionales vinculados al cine fueron acusados de tener ideas de izquierdas.

A partir de entonces, el comité concentró sus energías en los «Diez de Hollywood», un grupo de individuos que se negaban a responder a ninguna pregunta y afirmaban que la investigación violaba garantías constitucionales relacionadas con la libertad de expresión. Como discrepaba de esa postura, el comité los encarceló a todos. Con ayuda del FBI, la Liga Católica de la Decencia y la Legión Americana, se confeccionó una lista de «Canales Rojos», que contenía información sobre cualquiera que hubiera trabajado en Hollywood y se considerase que había tenido un pasado subversivo. A diferencia de quienes comparecieron ante el comité y convencieron de su inocencia a sus miembros, estos otros pasaron a integrar una lista negra y, a raíz de ello, se les negó empleo como guionistas, actores o productores. Más de trescientas personas, entre ellas Charlie Chaplin y Orson Welles, fueron acusadas de tener un pasado sospechoso. El impacto en Hollywood fue considerable y, como puede imaginarse, no alentó precisamente puntos de vista críticos respecto a la visión predominante y conservadora de la Guerra Fría como confrontación religioso-política entre Estados Unidos y sus enemigos.

Esto, naturalmente, no equivale a suponer que todos los productores, críticos de cine y espectadores aceptaran las representaciones geopolíticas de la Amenaza Roja sin cuestionárselas. Algunos productores se valieron de la ciencia ficción y la amenaza alienígena para explorar visiones radicalmente distintas al *Zeitgeist* de la Guerra Fría. En *Llegó del más allá* (1953), de Jack Arnold, un grupo de extraterrestres visita la Tierra y reprueba el miedo de los estadounidenses a los desconocidos y a lo desconocido: los habitantes de las ciudades pequeñas del país se muestran intolerantes y xenófobos en su contacto con los forasteros. La adaptación de Stanley Kramer de *La hora final* (1959) describía los horrores de la aniquilación nuclear y ponía en entredicho la lógica estratégica del enfrentamiento nuclear. Pese al repudio gubernamental, la película fue una de las más taquilleras en el año de su estreno. Otro filme de Stanley Kramer, *Solo ante el peligro* (1952), contaba la historia de un *sheriff* (Will Kane, interpretado por Gary Cooper) al que la gente del pueblo se niega a ayudar incluso cuando una banda decidida a vengarse tras sus últimas detenciones amenaza con matarle. Mucha gente en Hollywood enseguida vio en la película una sátira sobre las actividades del HUAC y los miembros de la industria cinematográfica que habían colaborado en la confección de las listas negras.

Entre finales de la década de 1940 y 1960, la industria cinematográfica produjo más de cuatro mil películas, de las cuales solo una pequeña parte era realmente crítica con respecto a las ideas norteamericanas conservadoras sobre la Guerra Fría y las representaciones geopolíticas de la Unión Soviética y la amenaza comunista. A Hollywood, alentado por las sesiones del HUAC y más adelante la investigación dirigida por el senador Joseph McCarthy, le resultó más fácil hacer filmes que reprodujesen –no que debilitasen– esas ideas implícitas de Estados Unidos como país compuesto por almas temerosas de Dios y amantes de la libertad, resueltas a resistirse a ser seducidas por los impíos soviéticos y sus cómplices extraterrestres.

La televisión y las guerras contra las drogas y el terror: el caso de las series

Podría decirse que la televisión ha sido el medio popular más importante para transmitir información sobre la guerra contra el terror. Aunque ha habido un montón de películas sobre esta guerra, salidas de Hollywood pero también de otras culturas cinematográficas, las series televisivas ambientadas en EE. UU. como *24*, *Bajo escucha*, *Homeland* o *Battlestar Galactica* se han ganado los elogios de la crítica y del público por abordar temas como el terrorismo, la guerra, la seguridad nacional o la tortura. También se han producido series más largas y con tramas intrincadas para analizar y desarrollar asuntos a menudo complejos y con localizaciones múltiples, melodramas geopolíticos y aproximación a diversos lugares (recuadro 8).

Uno de los efectos más potentes de las series es que exploran el modo en que lo nacional y lo extranjero se combinan entre sí para generar distintas formas de geopolítica popular y cotidiana. Uno de los ejemplos más claros es la gran cantidad de series de televisión que tratan el tema de la llamada «guerra contra el narcotráfico». Declarada inicialmente por el presidente Richard Nixon a principios de la década de 1970, ha costado miles de millones de dólares y numerosas vidas al norte y al sur de la frontera entre EE. UU. y México. Por ejemplo, la serie *El Chapo*, de 2017, habla de cómo el tráfico de drogas conlleva diversas negociaciones y concesiones dentro y fuera del Estado mexicano y sus cárteles, y de cómo diversas organizaciones estadounidenses han organizado, manipulado y sacado provecho del narcotráfico transfronterizo. En el mundo de ficciones/facciones de *El Chapo*, se ve a la gente corriente atrapada en una complicada red de relaciones que incluye a campesinos pobres, trabajadores del transporte, inmigrantes ilegales o personas vulnerables forzadas a ser traficantes.

Recuadro 8. Enarbolando la bandera: Hollywood, 11 de septiembre de 2001 y la guerra contra el terror

Tras el 11 de septiembre de 2001, los medios de comunicación estadounidenses informaron de una reunión entre representantes de la administración de George W. Bush y la industria del cine y el entretenimiento. La reunión, liderada por Karl Rove, asesor presidencial, y Jack Valenti, presidente de la Asociación Cinematográfica de los Estados Unidos, tenía como finalidad explorar las formas en que la cultura popular podía contribuir a fomentar la seguridad nacional y a explicar la declaración de guerra contra el terror. Aunque se negó que la administración hubiera pedido al sector del entretenimiento que produjera películas y series televisivas que «ensalzaran» al presidente, había cierto interés en analizar cómo se podían usar estos medios para que no solo informaran, sino que también prestaran apoyo.

Como consecuencia, entre 2001 y 2009 (es decir, el mandato del presidente Bush), hubo un considerable interés por explorar el modo en que la cultura popular contribuía a la interpretación y la difusión de la guerra contra el terrorismo. Se investigaron tiras cómicas, programas de televisión, películas, novelas, música y otros productos, incluyendo objetos como placas de matrícula o suvenires. Según los críticos, se detectó en los medios mayoritarios y las producciones de entretenimiento una tendencia a reproducir, mediante objetos e imágenes, un marco que respaldaba a las tropas estadounidenses en Afganistán e Irak, que garantizaba que al gobierno federal de ningún modo se le echaría la culpa de los atentados del 11 de septiembre de 2001, y que avalaba la idea de que Estados Unidos estaba comprometido en una lucha global contra los terroristas y el terrorismo. En pocas palabras, proliferó una clase de productos que contribuyeron y respaldaron una forma agresiva de nacionalismo y geopolítica estadounidense destinada a ensalzar el papel de Estados Unidos y, en particular, de sus fuerzas de combate.

Muchas de estas series también han sido muy polémicas, como la galardonada *24*. A lo largo de ocho temporadas (producidas entre 2001 y 2010), el drama en forma secuencial relata las proezas del agente antiterrorista Jack Bauer y sus esfuerzos por garantizar la seguridad de individuos destacados, miembros de su familia o ciudades enteras de Estados Unidos. La serie se estrenó en noviembre de 2001 y tuvo unas cifras de audiencia de varios millones de personas. Cada episodio duraba una hora, y la cuenta atrás característica de la serie pretendía recordar a los espectadores las presiones en tiempo real que afrontaban los agentes antiterroristas.

Un aspecto que generó especial controversia fue el uso que hacía su protagonista, el agente Bauer, de métodos como la tortura o formas extremas de interrogatorio. El *modus operandi* de Bauer provocó cierto temor a que los planteamientos de esta serie estuvieran justificando el uso de una fuerza extralimitada (y, de hecho, extrajudicial) aprovechando la ansiedad que generaba el terrorismo y el miedo ante la posibilidad de que se repitieran ataques como los del 11 de septiembre de 2001. Para los críticos, los productores de *24* eran cómplices de los discursos y prácticas del gobierno de EE. UU., que pedía medidas extraordinarias para asegurar que el país no sufría un «segundo 11 de septiembre». Tras ese día, lo que se puso de manifiesto fue que los agentes militares y de inteligencia estaban valiéndose de técnicas que parecían procedentes de Jack Bauer. La serie fue aún más controvertida debido a las crecientes pruebas de que el FBI y la CIA habían aconsejado y ayudado activamente a la industria del entretenimiento en sus descripciones de la guerra contra el terror. Al parecer, Chase Brandon, representante de la CIA en Hollywood, había actuado como asesor en los guiones de *24*.

En cualquier caso, en *24* hay otro elemento de interés para la geopolítica popular, a saber, el tipo de personas y lugares que aparecen como amenazantes o peligrosos y, por asociación, los que se consideran dignos de ser protegidos y salvados. *24*, con sus características de *thriller* de acción, se mostró como un instrumento ideal para proyectar relatos dramáticos en los que aparecían personajes turcos, libaneses, rusos o serbios, algunos de los cuales parecían dispuestos a realizar actos terroristas contra reactores nucleares, centros comerciales, lugares de trabajo, autopistas, aeropuertos y barrios suburbanos de Los Ángeles. Lo que cabe deducir de las variadísimas hazañas de Bauer es que los sitios y los espacios del terror se hallan literalmente en todas partes, y que hay pocas esferas de la vida pública invulnerables a un atentado terrorista: opinión emitida por altos funcionarios de la administración Bush que, tras introducir el sistema de alerta terrorista para la seguridad nacional, advirtieron a los ciudadanos estadounidenses de que debían estar vigilantes en todas partes. En enero de 2002, el presidente Bush ya lanzó este aviso: «Un inframundo terrorista –que incluye grupos como Hamás, Hezbolá, Yihad Islámica o Jais-e-Mohammed– opera en selvas y desiertos remotos, y se oculta en los centros de las grandes ciudades... Pero algunos gobiernos se muestran cohibidos frente al terrorismo. No lo dudéis: si ellos no actúan, Norteamérica sí lo hará».

Aunque se ha considerado que *24* es un producto neoconservador que apoya la idea de que es necesaria una política antiterrorista generalizada e implacable, también ha inspirado críticas a la guerra contra el terror. A otras series, como *Bajo escucha* (2002-2008), basada en las experiencias de agentes de policía, criminales, funcionarios municipales y demás en un Baltimore económicamente inseguro y sumido en la pobreza, se les reconoce el mérito de haber mostrado una idea distinta de cómo la guerra contra el narcotráfico, la lucha antiterrorista y la vigilancia policial se inspiran unas a otras. El título original de *Bajo escucha*, *The Wire* [El cable], indica un concepto básico de la serie, que era centrar la atención en objetos esenciales para el negocio de la vigilancia electrónica. Frustrada por su incapacidad para procesar a una importante familia de narcotraficantes, la policía de Baltimore recurre a medidas de vigilancia y otras de carácter excepcional, incluida la violencia, para desmantelar el negocio de las drogas en la ciudad. Aunque las drogas siguen siendo el principal objeto de preocupación, más que el terrorismo, la serie analiza el modo en que la Norteamérica urbana está atrapada en un entorno sociocultural de cuestiones geopolíticas, entre las que se incluyen las medidas de reestructuración neoliberal y de seguridad.

Pese a estar localizados en Baltimore, los problemas políticos, económicos y culturales que afronta esta ciudad multirracial no son exclusivos del nordeste de EE.UU., sino que también están ligados al destino de otros lugares del mundo. Los flujos globales del contrabando de drogas (al criminal internacional que abastece a la familia Barksdale se lo conoce como «el Griego») y las inversiones empresariales/financieras han dejado su huella en la infraestructura física de la ciudad y en muchos de sus ámbitos, entre ellos la educación pública, los medios de comunicación o el gobierno municipal. *Bajo escucha* da a entender que la lucha contra el narcotráfico, como la antiterrorista, no es solo un eslogan abstracto sino también un indicio de una serie de relaciones que vinculan a personas y lugares. Concretamente en la quinta temporada, la serie explora el modo en que la policía y demás organizaciones encargadas del cumplimiento de la ley llevan a cabo la guerra contra las drogas, a la que oponen resistencia los residentes locales, y que está enmarcada en la cobertura informativa. La serie es especialmente reveladora con respecto al impacto de ciertas estrategias policiales concernientes al tráfico de drogas, pues insiste en que las redadas y los regímenes de vigilancia acaban marginando a las comunidades locales y reduciendo las posibilidades de que los residentes respalden intentos de regular, o incluso erradicar, el narcotráfico. Estas estrategias contra las drogas afectan a unos residentes más que a otros; en particular, las comunidades con menos recursos y los afroamericanos parecen ser los que se llevan la peor parte. Para los encargados de llevar a cabo campañas contra el tráfico de estupefacientes, se demuestra que los efectos son contraproducentes, corruptores, destructivos y desilusionantes. A diferencia de *24*, cabe decir que *Bajo escucha* es una dura crítica al estado de excepción (recuadro 9). Es un cuento con moraleja sobre lo que puede pasar cuando el Estado declara la guerra a un objeto o una actividad. Vuelve la mirada geopolítica no hacia los de fuera sino hacia lo local, lo cotidiano, las consecuencias prosaicas aunque potentes de la vigilancia, las redadas y la violencia. Los principales sitios de la geopolítica son las calles, las escuelas, los muelles y las comisarías, pues los traficantes y los agentes de policía procuran evitarse entre sí.

La serie nos propone que analicemos la legitimidad y la eficacia de la violencia y si la violencia autorizada por el Estado es, en algún sentido, menos excepcional e inquietante que la ejercida por las bandas de delincuentes. Se resalta el parecido entre la policía y las familias de la droga: ambas son jerárquicas, reglamentadas, irracionales y capaces de comportamientos imprevisibles.

Recuadro 9. Estados de excepción y Estados excepcionales

El Estado de excepción ha despertado mucho interés. En las décadas de 1920 y 1930, autores como Carl Schmitt estudiaron la relación entre derecho, política, soberanía y situaciones de emergencia. El interés de Schmitt en lo excepcional se basaba en la idea de que lo que daba poder al soberano no era la regulación de lo «normal», sino la aplicación de lo «excepcional». Al declarar el Estado de emergencia o imponer la ley marcial, por ejemplo, el gobierno o el gobernante soberano muestra sus intenciones en cuanto a definir lo que está permitido y lo que no. Películas como *Estado de sitio* (1998) o *Enemigo público* (1988) ofrecían un atisbo, en un escenario previo al 11 de septiembre de 2001, de cómo se puede utilizar la «emergencia» para reivindicar la necesidad de poderes excepcionales sin las restricciones habituales de la ley y la supervisión política.

Autores más recientes, como Giorgio Agamben, han puesto en duda que el «Estado de excep-

> ción» sea realmente tan excepcional. En otras palabras, hay indicios de que los Estados, por defecto, suelen ser excepcionales por naturaleza, como afirman ciertos gobiernos actuales, y asumen los poderes necesarios para posponer el principio de legalidad a fin de abordar ciertos desafíos, sobre todo los relacionados con la seguridad. Debido a ello, la frontera entre la ley y la excepción se vuelve cada vez más difusa a medida que el Estado normaliza el propio Estado de excepción. Según algunos críticos de la guerra contra el terror, prácticas como la rendición extraordinaria, los ataques con drones, los asesinatos selectivos o la vigilancia masiva ponen al descubierto precisamente esta excepcionalidad y el uso creciente de leyes nuevas o de operaciones encubiertas para burlar las leyes existentes y, en definitiva, justificar las prácticas excepcionales. Además, se pide a los propios ciudadanos que ayuden a perpetuar estos llamamientos a la excepcionalidad espiándose unos a otros e informando de cualquier «conducta sospechosa». Una película reciente, *El círculo* (2017), aborda el caso de una empresa de redes sociales en que la vigilancia a sus empleados acaba normalizándose.

Ambos grupos están habitados por una multitud de «pequeños soberanos» que, como dice Judith Butler, son (abrumadoramente) hombres capaces de actuar de maneras extraordinarias, apenas reguladas, de las que casi nunca se rinden cuentas. Cuando suponen un riesgo de seguridad, las drogas y el terrorismo tienen elementos en común, entre ellos una inclina-

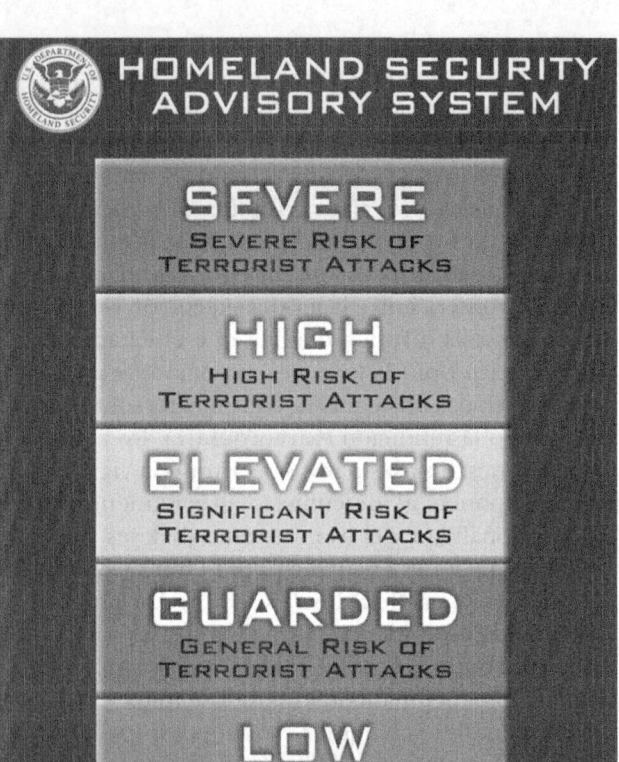

SISTEMA CONSULTIVO PARA LA SEGURIDAD NACIONAL
GRAVE. Riesgo grave de atentados terroristas
ALTO. Riesgo alto de atentados terroristas
ELEVADO. Riesgo significativo de atentados terroristas
MODERADO. Riesgo general de atentados terroristas
BAJO. Riesgo bajo de atentados terroristas

Sistema consultivo sobre el nivel de amenaza con código de colores creado para la seguridad nacional en EE. UU.: grave (rojo), alto (naranja), elevado (amarillo), moderado (azul) y bajo (verde).

ción a «trabajar en el lado oscuro», «mostrar agresividad» y «actuar en la sombra». La vigilancia acaba condensando perfectamente la geopolítica posterior al 11 de septiembre de 2001: anticipándose, reaccionando y espiando (y asegurándose de recordar a los ciudadanos que el país está controlando la seguridad nacional casi constantemente). La seguridad puede tener, y efectivamente tiene, muchos matices distintos (figura).

Internet y geopolítica popular 2.0

Desde la década de 1980, es una opinión generalizada que el crecimiento y desarrollo de internet han fomentado la interacción social y reducido las distancias geográficas. Estados Unidos sigue siendo de lejos la comunidad con más usuarios de internet y el productor más importante de información. La brecha digital entre Norteamérica, Europa y el este de Asia, por un lado, y el África subsahariana y Oriente Medio, por otro, está cerrándose con rapidez. Por otra parte, en el espacio de dos décadas se ha desarrollado una forma participativa de redes sociales que permite a los ciudadanos, las empresas, los Estados y otros agentes producir y consumir sus propios materiales geopolíticos.

Potentes buscadores, como Google, permiten a los usuarios acceder y descargar imágenes e historias en apenas unos segundos con consecuencias tanto positivas como negativas, que van desde el miedo a que en internet se publique material ofensivo o sedicioso a que haya personas capaces de acceder a nuevas comunidades y redes sociales de una manera virtual. Esto sin duda ha posibilitado que florezcan toda clase de actividades, incluyendo redes terroristas globales y grupos neonazis. Al-Qaeda se ha valido de internet para obtener fondos, mandar mensajes codificados a miembros de la organización, divulgar vídeos de discursos de sus líderes y promover sus actividades en todo el mundo.

Para frustración de los gobiernos nacionales, es dificilísimo controlar y patrullar internet, pues aunque es posible cerrar páginas web, estas pueden reaparecer poco después con otra dirección de dominio.

Internet ha procurado un importante medio al movimiento antiglobalización, al que ha habilitado tanto para desafiar al poder material de los Estados, las corporaciones o las instituciones asociadas al orden económico-político dominante, como para refutar representaciones textuales y visuales concretas de esta arquitectura dominante. Como ejemplo de lo primero, el movimiento antiglobalización ha organizado gracias a internet días de acción global, normalmente en ciudades en las que se celebraban reuniones de la OMC, el FMI o el G8. De una manera más general, internet ha facilitado el desarrollo de redes sociales como Acción Global de los Pueblos o el Foro Social Mundial, que han permitido a activistas de todo el mundo unirse para plantear alternativas al neoliberalismo y soluciones a problemas de carácter local, como la privatización del agua en Sudáfrica, la propiedad de la tierra en México o el impacto del pago de la deuda externa en Latinoamérica.

Por tanto, a los individuos y grupos comprometidos en las protestas contra el neoliberalismo, internet les ha permitido compartir experiencias, planear acciones, intercambiar datos o informar sobre acontecimientos futuros muchísimo más deprisa que en el pasado. Las manifestaciones organizadas durante una reunión de la OMC en Seattle en noviembre y diciembre de 1999 coincidieron con lo que se ha denominado «movilización electrónica» y «protesta electrónica». La capacidad para difundir imágenes además de comentarios también ha sido importante para ayudar a estos grupos a promover sus puntos de vista y establecer sus nuevas agendas, y ello a pesar de que muchos activistas se quejan de que los medios dominantes tienden a marginar sus protestas y demandas de reformas radicales en la economía mundial neoliberal y sus instituciones asociadas, por ejemplo la OMC o poderosas agrupaciones como el G8 (recuadro 10).

Recuadro 10. Revelaciones financieras globales

Filtrados en 2017, los «Papeles del Paraíso» sacaron a la luz un sinfín de inversiones extraterritoriales por parte de decenas de miles de personas con rentas altas, así como de corporaciones de todo el mundo ansiosas por eludir el pago de impuestos, ya fueran personales o empresariales. Estos papeles revelan lo cruciales que resultan diversos centros financieros deslocalizados en la ocultación de dinero a los gobiernos nacionales. Las grandes empresas guardan sus reservas de efectivo en paraísos fiscales; por otro lado, la regulación financiera global ha demostrado ser parcial y desigual, con lo que en todos los países ha disminuido la base imponible. Esta filtración de datos siguió a las revelaciones de 2015 de los «Papeles de Panamá», que recalcaron la importancia de los

> servicios jurídicos y financieros, pues para eludir el pago de impuestos y esquivar las sanciones internacionales se hace necesario el asesoramiento experto. De ello se desprende que el periodismo de investigación fue clave a la hora de leer y analizar millones de documentos, ya que las complejas geografías de las finanzas internacionales no se pueden condensar fácilmente en una «lectura de cinco minutos».

Internet y otros medios de comunicación también permiten cuestionar más fácilmente las representaciones del orden político-económico global predominante. Las emisiones de la televisión corporativa sobre las cumbres del G8 y la OMC tienden, en opinión de los movimientos antiglobalización, a reforzar la geopolítica del neoliberalismo más que a ponerla en entredicho. Por lo general, se centra la atención en los jefes de Estado y sus delegaciones y no en los manifestantes, que suelen ser vistos como una distracción o, cada vez más desde los atentados del 11 de septiembre de 2001, como un problema de seguridad que es preciso atajar. Dado que la propiedad de los medios está cada vez más concentrada en manos de grandes empresas, como News International, todo indica que esta tendencia se intensificará aún más. Al igual que sucede con las economías fuertes, como las de Estados Unidos y Japón, existe cierta inclinación a respaldar el *statu quo* político-económico junto a la arquitectura política consiguiente, lo cual contribuye a regular la interacción de los territorios y los flujos de personas, la inversión y el comercio.

Diversas páginas web y redes sociales que ofrecen fuentes alternativas de noticias (por ejemplo, indymedia.org.uk) han sido utilizadas sistemáticamente para transmitir una visión muy distinta del mundo: un lugar desigual donde el 10% más rico recibe el 90% de los ingresos globales. Estas páginas web también animan a los activistas a colgar noticias e imágenes de las jornadas globales de acción y a abordar temas sobre lugares concretos y sus conexiones geográficas con procesos globales como el comercio, la inversión o la deuda externa. En México, el movimiento zapatista ha liderado buena parte de esta inversión en internet y medios alternativos, de modo que en la década de 1990 fue un componente esencial de su lucha contra el Estado mexicano, los mercados financieros internacionales y el orden económico global dominante. Esto resultaba sorprendente además porque, en el sur de México, la conectividad a internet era baja. Antes de que hubieran pasado dos años desde su ofensiva inicial contra el neoliberalismo, en 1996 y 1997 los zapatistas habían organizado varias reuniones continentales e intercontinentales mediante internet y el correo electrónico. A estas reuniones asistieron miles de personas, entre ellas el productor y director de cine Oliver Stone, y se convirtieron en focos de intercambio de información. El carismático dirigente de los zapatistas (Rafael Sebastián Guillén Vicente, conocido también como el subcomandante Marcos) utilizaba internet para difundir sus causas (desposeimiento de tierras, marginación económica y discriminación racial) y alentaba la creación de nuevas redes de solidaridad en México, Latinoamérica y otros lugares. Internet procura un foro para que el grupo prosiga su lucha y, al mismo tiempo, anima a otros grupos e individuos a que formulen interpretaciones alternativas de la economía global, los mercados financieros internacionales o la economía mexicana. En este sentido, por tanto, se considera que internet activa y expande redes de solidaridad geopolítica, donde se aprecian divergencias radicales sobre cómo el dinero, las personas, las mercancías y los servicios cruzan las fronteras.

No obstante, como han descubierto muchos gobiernos, controlar la información publicada en internet puede ser controvertido y difícil, habida cuenta de los esfuerzos de los *hackers* para debilitar los cortafuegos creados por el gobierno. De hecho, algunas organizaciones de *hackers* tienen como objetivo determinadas cuentas en internet de organismos oficiales y empresas para sacar a la luz fallos de seguridad de la información o registrar acciones de disentimiento. Tras el 11 de septiembre de 2001, el Congreso de EE.UU. aprobó la Ley Patriótica y otras medidas, como la Ley de Protección de América de 2007, que permitían al ejecutivo y a organizaciones clave como la Agencia de Seguridad Nacional (NSA, por sus siglas en inglés) investigar el tráfico de internet y el correo electrónico de los sospechosos de realizar actividades perjudiciales para Estados Unidos. Otros países, como el Reino Unido, también han intentado imponer más supervisión y control sobre información considerada dudosa. La vigilancia de grupos e individuos en nombre de la política antiterrorista ha sido importantísima en los intentos gubernamentales de restablecer la arquitectura geopolítica predominante apoyada en los Estados soberanos, las fronteras, el control y el territorio nacional.

Desde las revelaciones de Edward Snowden, empleado de la NSA, en mayo de 2013, el conocimiento público de la vigilancia masiva (a menudo espionaje sin orden judicial), y específicamente de programas de exploración de datos como el PRISM, han avivado el debate sobre el modo en que el acceso a internet y su uso está sistemáticamente controlado por agencias de inteligencia como la NSA o la CIA. Snowden no solo hizo públicos montones de documentos, sino que además reveló que la vigilancia masiva conllevaba la cooperación internacional con servicios de inteligencia de otros países, empresas de telecomunicaciones y proveedores de internet como Google. Cuando el exvicepresidente Dick Cheney exigió el «conocimiento total de información» quizás aún no estaba claro que esta misión daría lugar a lo que algunos han descrito como un «complejo industrial de vigilancia en internet». Cuando todavía era candidato presidencial, el senador Obama se mostraba muy crítico con el estado de seguridad nacional y la vigilancia masiva, pero su postura se suavizó al asumir el cargo de presidente.

Ciertas noticias más recientes sobre empresas de medios de comunicación y datos personales sirven para recordarnos que no son solo los Estados los que recogen información de sus ciudadanos en nombre de la seguridad nacional. ¿Qué significa todo esto para la geopolítica popular? Primero, quizá deberíamos reflexionar sobre el hecho de que nuestras redes sociales no solo pueden suponer un problema de seguridad para los países, sino también una oportunidad de negocio para las empresas y otros Estados. Las acusaciones sobre las injerencias rusas en la campaña presidencial de 2016 plantearon cuestiones interesantes sobre quién, qué, cómo y dónde estaba ejerciéndose una influencia indebida. La proliferación de las «noticias falsas» o bulos impone exigencias adicionales al hecho de que las comunidades y las sociedades comparten interacciones. Segundo, se pueden utilizar análisis de datos para influir en la opinión pública de maneras más dirigidas y personalizadas que anteriores formas de propaganda. Tercero, las redes sociales están muy racializadas y marcadas por el género, de modo que muchas mujeres y personas de color se ven sometidas a las peores ofensas. Por último, países como Estonia han llegado a ser pioneros digitales en cuanto a seguridad informática, alfabetización mediática y tecnología de cadena de bloques, con vistas a prever y oponer resistencia a ataques digitales y de denegación de servicio.

Geopolítica popular e impopular

En este capítulo se ha visto que la geopolítica popular puede estudiarse a partir de los medios de comunicación, y sin duda es posible ampliar esa perspectiva para abarcar el arte público, la danza, la radio, los cómics y la música. Aunque ciertas formas consolidadas de medios de comunicación, como los periódicos, la televisión y la radio, siguen siendo muy importantes en el ámbito de la producción y la difusión de noticias sobre el mundo, son las nuevas formas como internet, las redes sociales, los blogs y los *podcast,* los que atraen más la atención de los interesados en la geopolítica. A medida que crezca la interconectividad, sobre todo en Oriente Medio, internet brindará a los usuarios la oportunidad no solo de acceder a diferentes fuentes de noticias, sino también de expresar sus opiniones *online.* En países y regiones donde la esfera pública está férreamente controlada por los gobiernos nacionales, los blogueros tienen cada vez mayor presencia, a pesar de que en muchas ocasiones han sufrido vigilancia permanente o acoso debido a sus actividades, o incluso la cárcel. Los blogueros iraníes, por ejemplo, proporcionan fascinantes percepciones sobre el Irán contemporáneo y exponen opiniones discrepantes ante las decisiones de Irán en política exterior, lo cual ayuda a explicar a los lectores interesados por qué, por ejemplo, muchos comentaristas *online* se sienten amenazados por potencias militares como Estados Unidos, Israel, Pakistán, la India o China. También conviene pensar que las tecnologías de vigilancia personal y de datos desarrolladas en Norteamérica y Europa Occidental han sido vendidas y exportadas a otras partes del mundo. Así pues, en nuestra época contemporánea, la geopolítica popular es una cuestión paradójica. Actualmente, muchísimas personas pueden emplear tecnologías digitales, generar sus propios contenidos y acceder a información a medida sobre el mundo.

Sin embargo, este mundo digital también es propenso a la interferencia y la distorsión, un lugar en el que las comunidades y los ciudadanos acaban estando más polarizados y aislados. La geopolítica popular puede convertirse rápidamente en geopolítica impopular o geopolítica populista.

5
Identidades

Este capítulo aborda las políticas identitarias, pues en el fondo la geopolítica tiene que ver con imaginar y expresar diferencias entre el yo y los otros. La manifestación de estas diferencias puede adoptar múltiples formas, desde jocosas (noruegos contando chistes sobre daneses y suecos) a totalmente siniestras, como exacerbar las tensiones interétnicas o avivar la homofobia en Indonesia. En Sri Lanka, por ejemplo, por las redes sociales han circulado historias según las cuales las comunidades musulmanas minoritarias estaban conspirando contra la mayoría sinhala. Estos tres casos tienen algo en común: apelan a la emoción y a lo que los expertos geopolíticos denominan «afecto». Las poderosas fuerzas del sentimiento, que determinan cómo es nuestra relación con los demás, a veces se ven influidas por episodios traumáticos, como los atentados del 11 de septiembre de 2001 o viejas disputas y expresiones de animadversión. La emoción y el afecto también son manipulables: los medios de comunicación pueden crispar los ánimos, los dirigentes políticos pueden tergiversar y exagerar –y de hecho lo hacen–, y la gente puede estar ansiosa por implicarse en emociones que van desde el miedo y el terror a la esperanza y el deseo de paz.

Las afirmaciones de identidad nacional hay que construirlas. Por otro lado, los historiadores, los artistas y los escritores han estado en primera línea a la hora de señalar que las tradiciones y características nacionales se han inventado y difundido a través de las culturas públicas. Algunos historiadores, como Eric Hobsbawn y Terence Ranger, hablaron en cierto momento de la «invención de la tradición» y dejaron claro que las naciones son muy hábiles cuando se trata de crear rituales y prácticas y luego asegurar que estos tienen un origen ancestral.

La geopolítica crítica está interesada en las identidades nacionales porque estas «invenciones de tradiciones» también se basan e inspiran en relaciones entre un lugar y el ser humano. La elaboración y la reelaboración de las identidades nacionales constituyen un proceso creativo, reiterativo y repetitivo. Las novelas, los monumentos y los materiales educativos son intrínsecamente geográficos, pues trabajan con esas tradiciones identitarias para conectar lugares y territorios con culturas y pueblos. Los relatos identitarios no se quedan en el nivel del Estado-nación, desde luego, sino que operan en diversas escalas geográficas, desde la individual y la subnacional hasta la panregional y finalmente la global. Los individuos y los objetos (capítulo 6) pueden estar en la vanguardia de la producción y difusión de políticas identitarias y otras relaciones yo-otros. Las geopolíticas feminista y *queer* y diversos expertos raciales críticos ofrecen convincentes percepciones sobre cómo la subjetividad de la geopolítica se hace y se vuelve a hacer, sobre todo a través de quienes creen «pertenecer» a lugares y territorios concretos.

Otros grupos culturales y políticos, como agrupamientos subnacionales, movimientos sociales o diásporas, ponen en entredicho las afirmaciones exclusivas de identidad nacional. Como la capacidad del Estado para controlar su espacio económico, cultural y político ha sido cuestionada por actores no estatales y flujos de inmigrantes, solicitantes de asilo y refugiados, se ha intentado que las reivindicaciones de identidad nacional exclusiva parezcan todavía más urgentes. En Europa tenemos ejemplos en varias formas de nacionalismo autoritario, basadas en cierta preocupación por que las culturas e identidades nacionales cambien. En una ocasión, Michael Billig escribió acerca de formas «banales» y «calientes» de nacionalismo, y puntualizó que las identidades nacionales y los nacionalismos tienen esta asombrosa capacidad para parecer urgentes en determinados momentos y considerarse incontrovertibles en otros. Las limitaciones sobre cómo se debe enseñar la geografía y la historia nacional, cuándo y dónde cabe hacer comentarios sobre personajes públicos, o quién pertenece o no a una comunidad o un país tienen una intensidad variable (recuadro 11).

Recuadro 11. Identidad y geopolítica: el HMT Empire Windrush y la Ley de Inmigración de 2014 (Reino Unido)

En 1948, el *HMT Empire Windrush* atracó en el puerto de Londres con un grupo de inmigrantes jamaicanos. Su llegada marcó el inicio de la denominada «generación Windrush»: individuos caribeños británicos que eran invitados al Reino Unido para ser empleados en áreas donde faltaba mano de obra. En 2018, unos setenta años después de la llegada del Windrush, la política británica se vio zarandeada por un escándalo relacionado con el trato dado a ciudadanos caribeños británicos ancianos: algunos eran deportados, declarados irregulares o se les negaba el acceso a la atención sanitaria. Tras varias protestas públicas, el gobierno conservador se vio obligado a no deportar a más personas acusadas de carecer de la documentación correspondiente. El escándalo político puso de manifiesto los efectos de la nueva legislación concebida para crear un «entorno hostil» para los inmigrantes y cómo determinadas visiones geopolíticas británicas, que suelen subrayar la importancia de la Commonwealth, pueden chocar con el deseo de los gobiernos de limitar la movilidad de las personas procedentes de África, Asia y el Caribe. Según muchos críticos, las Leyes de Inmigración de 2014 y 2016 eran institucional y jurídicamente racistas en su intención y sus efectos. El proceso de reforzamiento y creación de fronteras es mejor aceptado por unos individuos que por otros, lo que se traduce en ansiedad y miedo para los afectados.

Geopolítica e identidad nacional

La creación del sistema político internacional actual, basado en Estados nacionales con jurisdicción territorial exclusiva, normalmente se remonta a la Europa del siglo XVII. A lo largo de los siglos siguientes, diversos gobiernos nacionales surgieron y se consolidaron mediante la diplomacia y el derecho internacional: un mosaico de Estados que abarca toda la superficie del planeta, con la excepción de la Antártida y algunas zonas de los océanos. Cuando el aparato del Estado empezó a introducirse en los asuntos cotidianos de los ciudadanos, los gobiernos nacionales –ejerciendo el control sobre los medios de comunicación oficiales y la educación– comenzaron a dedicar cada vez más energía a la creación y el mantenimiento de una identidad nacional propia. Como señalaba Michael Foucault al hablar de la gobernanza biopolítica, el Estado-nación cartografía, encuesta, mide y evalúa territorios y poblaciones nacionales cada vez con mayor intensidad. En muchos países, por ejemplo, esto es algo repetitivo: se nos pide que cumplimentemos formularios para el censo nacional, que nos registremos para votar o que facilitemos nuestros datos para sacarnos el pasaporte, conseguir la cartilla de la seguridad social, etc.

En el caso de Argentina, que declaró su independencia del imperio español en 1810, cartografiar y encuestar fueron elementos esenciales para la construcción de la identidad nacional. El proceso de creación de lo que Benedict Anderson ha llamado «comunidad imaginada» adoptó varias formas, una de las cuales fue la introducción, a finales del siglo XIX, de la denominada «educación patriótica» para generar una conciencia nacional. La sincronización de estas reformas educativas no fue casual; el gobierno de Buenos Aires no solo había ampliado su autoridad soberana sobre un territorio geográfico más extenso, incluyendo la región más meridional de la Patagonia, sino que también tuvo que lidiar con nuevas oleadas de inmigrantes procedentes sobre todo de Italia y España, a los que hubo que integrar e inculcar una idea de lo que significaba ser ciudadano argentino.

Uno de los elementos más importantes de la educación patriótica era la lección geográfica de que Argentina era un país incompleto. Podríamos describirlo incluso como un melodrama geopolítico: un relato enmarcado al que recurrían las élites políticas cuando querían dotar de sentido a ciertas políticas y estrategias. La anexión británica de 1833 de las islas Falkland (Malvinas), conocidas como «las hermanitas perdidas», sigue chirriando y constituyendo un elemento fundamental en muchas expresiones de la identidad nacional argentina. La educación a nivel escolar continúa promoviendo esta idea y garantiza que, ya en la enseñanza primaria, cada alumno es capaz de dibujar el contorno de las dos islas principales, Soledad y Gran Malvina (East Falkland y West Falkland para los angloparlantes). Como da a entender la expresión «hermanitas perdidas», el territorio se suele describir con una fuerte marca de género: como un apéndice fraternal del cuerpo político, que es la Argentina continental (la patria). Por tanto, no es de extrañar que, cuando en 1982 las Malvinas fueron «invadidas» por fuerzas argentinas, la acción se justificó como un acto de «rescate» geográfico tras una primera época de «violación» por parte de la Gran Bretaña imperial. Para los no argentinos, resulta curioso que las multitudes congregadas en la plaza ubicada frente a la Casa Rosada de Buenos Aires vitoreasen a la dictadura militar. Al mismo tiempo, esa dictadura y otros regímenes militares del pasado reciente torturaban y ejecutaban a sus propios ciudadanos. El adoctrinamiento geográfico parecía tan completo que, en en ese momento, muchos estaban dispuestos a celebrar aquel acto de anexión territorial.

La victoria británica en junio de 1982 no resolvió esta crisis territorial. Pese a que el gobierno Thatcher afirmaba lo contrario, a los ciudadanos argentinos se les seguía informando de que este agravio territorial estaba pendiente de resolver. Las organizaciones mediáticas y los gobiernos argentinos animaban a los ciudadanos, y de hecho a los visitantes, a imaginar esta disputa territorial como algo en curso. Si uno abre una revista y mira la información meteorológica para la república Argentina, las Falkland aparecen con el nombre de islas Malvinas. Desde finales de la década de 1940, en Argentina es delito confeccionar un mapa del país que no califique a las Falkland como argentinas, y si vamos al caso, también la porción de la Antártida más cercana al continente americano. Multitud de murales y mapas públicos recuerdan constantemente al ciudadano y al visitante que las islas están geográficamente próximas a la Patagonia. La soberanía británica es continuamente condenada no solo como reminiscencia de episodios anteriores de imperialismo, sino también como una muestra desagradable de sobreextensión geográfica. Desde 1982, los memoriales de guerra públicos de Buenos Aires y otras partes procuran una nueva oportunidad para la reflexión geográfica y cultural sobre lo que ellos creen que debería ser el territorio nacional argentino.

Esta aparente obsesión por la recuperación de las islas Falkland tiene amplias implicaciones para la identidad nacional argentina. Por un lado, determinó una idea de la república como país violado desde el punto de vista geográfico, que sigue siendo muy sensible a las cuestiones territoriales, como podrían certificar ciertos vecinos cercanos como Chile. Durante buena parte de su historia, ambos países han discutido sobre su frontera territorial andina. Esto a veces se ha traducido en situaciones tensas en las que los dos bandos se han peleado por fragmentos territoriales remotos y despoblados en zonas donde los movimientos de las rocas y el hielo dificultan las mediciones tradicionales utilizadas para asignar coordenadas fronterizas en forma de cuencas hidrográficas o cadenas montañosas. Por otro lado, la anexión de las Falkland en el siglo xix por el Reino Unido permitió a los líderes de períodos posteriores, como el presidente Perón en las décadas de 1940 y 1950, crear una visión nacional de la Argentina como país deseoso de prescindir de los británicos y de otras influencias imperiales. Esta situación se ha prolongado hasta la actualidad, pues presidentes más recientes han clamado contra el ininterrumpido control británico de las islas y contemplado con gran inquietud la futura explotación del petróleo y el gas. Nuevos flujos de ingresos, combinados con un gobierno de las Falkland cada vez más seguro de sí mismo (en marzo de 2013 se organizó un referéndum de gran repercusión mediática sobre su futuro), hacen aún más improbable que el Reino Unido esté dispuesto a negociar.

Las obsesiones territoriales de Argentina no son excepcionales: como consecuencia de una pérdida de tierra o de una partición formal, tenemos historias parecidas en otros países, como Bolivia, la India o Pakistán. En todos estos países, los mapas son muy sensibles a lo que representan con respecto a las fronteras nacionales y la propiedad territorial. Las ansiedades jurisdiccionales también contribuyen a establecer los planes de estudio escolares y a un autoconocimiento más amplio. En este punto, los medios de comunicación nacionales pueden ser muy importantes no solo para generar un sentido de «comunidad imaginada», sino también para ayudar a cimentar autoconceptos concretos. En Bolivia es habitual leer, ver y escuchar historias sobre la pérdida del acceso al océano Pacífico en el siglo XIX. Los sucesivos presidentes bolivianos han recodado a los ciudadanos esta injusticia histórica y la importancia del denominado Día del Mar, que se celebra cada mes de marzo. En países como Argentina o Bolivia, la geopolítica de la identidad nacional es muy marcada porque allí se considera que los agravios territoriales y las incertidumbres sobre las fronteras internacionales hacen peligrar la identidad nacional y las expresiones de orgullo y dignidad.

En Estados Unidos, que expandieron su frontera interior hacia el oeste, la formación de la identidad nacional ha adoptado una expresión diferente. Si los argentinos están preocupados por su estatus territorial, a los norteamericanos les interesa sobre todo el carácter racial y social de su comunidad nacional y la seguridad de su frontera meridional con México. Las experiencias de las comunidades de indios americanos, japoneses-americanos y afroamericanos muestran un agudo contraste con las de los cristianos-americanos blancos, que siguen determinando la cultura política predominante en el país. La geografía política de Estados Unidos se ha visto profundamente influida por minorías que han reclamado su reconocimiento por el sistema político nacional. Los movimientos por los derechos civiles de las décadas de 1950 y 1960 y la lucha por garantizar libertades civiles a las comunidades afroamericanas tuvieron lugar con el telón de fondo geopolítico de la Guerra Fría. Así pues, aunque Estados Unidos abogaba por un orden liberal internacional, el «sueño americano» era, para muchos de sus ciudadanos, una experiencia que variaba en función de la raza, la clase, el género y la localización.

En el peor de los casos, diversas comunidades de Estados Unidos estaban viéndose privadas de sus derechos y desamparadas debido a la manipulación electoral (alteración deliberada de las circunscripciones para favorecer a unos votantes en detrimento de otros) y a la discriminación en materia de vivienda y empleo. Ciertos símbolos nacionales, como la Estatua de la Libertad, se pueden interpretar de diferentes maneras, en función, por ejemplo, de las experiencias individuales y comunitarias. Tras el paso del huracán Katrina en 2005, las comunidades afroamericanas afincadas en ciudades como Nueva Orleans establecieron conexiones político-geográficas similares cuando quedó claro que el gobierno federal había reaccionado con lentitud ante la pérdida de vidas y propiedades de los pobres y las personas con problemas de movilidad. Las familias afroamericanas estaban sobrerrepresentadas en ambas categorías. Otros casos más recientes de trastorno urbano han puesto de relieve cuestiones críticas sobre equidad e igualdad por parte de movimientos como el Black Lives Matter y suscitado protestas contra la manipulación electoral.

Otro ejemplo contemporáneo, posterior al 11 de septiembre de 2001, sería el papel en apariencia ambivalente desempeñado por las comunidades árabe-americanas y asiático-americanas. Juzgados por su aspecto y el color de su piel, muchos árabes-americanos e individuos originarios del sur de Asia han denunciado acoso, intimidación y frecuentes expulsiones de vuelos regulares porque otros pasajeros se han quejado de su comportamiento o su elección de idioma (árabe o urdu en vez de inglés, por ejemplo). Debido a ello, el Consejo Nacional de Relaciones Árabe-Estadounidenses ha advertido de que la comunidad se siente perseguida y estigmatizada a raíz de las acciones realizadas por quince saudíes y otros cuatro secuestradores de habla árabe el 11 de septiembre de 2001. Lejos de pasar desapercibido, esto ha desembocado en la idea de que nuevas formas de política identitaria dan prioridad a ciertas expresiones de género, raza o sexualidad en gran medida a expensas de las minorías étnicas, que hoy en día son observadas con miedo y aversión, en especial si ocupan espacios públicos cerrados como aviones, barcos o trenes. También se ha observado la postura reaccionaria de algunos norteamericanos blancos que lamentan los ataques sobre «el privilegio blanco» y reivindican la dominación de los suyos.

La identidad y el territorio se inspiran mutuamente en el contexto de los Estados-nación. Los territorios nacionales han funcionado como plataformas aparentemente estables para la fabricación y la reproducción de identidades nacionales. Instituciones como los medios de comunicación públicos o el sistema educativo han procurado, y siguen procurando, capacidad para producir representaciones particulares de comunidades nacionales territorialmente incompletas (Argentina), violadas (Palestina), aspirantes (Palestina, Kosovo, Kurdistán), ambiciosas (China) o ejemplares para el mundo en general (Estados Unidos) (véase recuadro 12).

Recuadro 12. Facebook y Kosovo

En noviembre de 2013, la red social Facebook decidió incluir a Kosovo como si fuera un país independiente (tras la Declaración de Independencia de 2008, no reconocida por Serbia). Antes de eso, si querían abrir una cuenta en Facebook, los kosovares tenían que elegir «Serbia» como país de origen. Se calcula que unos doscientos mil usuarios de Facebook se trasladaron de «Serbia», o quizás «Albania», a «Kosovo». Al parecer, el primer ministro de Kosovo había sido avisado previamente de que la red social había decidido admitir «Kosovo» como ubicación. Curiosamente, varios integrantes del gobierno de Kosovo se apresuraron a declarar que este reconocimiento era una contribución positiva a las relaciones públicas de Kosovo y a su empeño por incorporarse a la Unión Europea. Aunque Facebook nunca ha reivindicado el poder de «reconocer» países al modo en que lo hacen los estados soberanos o las Naciones Unidas (unos cien países han reconocido a Kosovo como país independiente), este hecho sí hace hincapié en que la diplomacia digital de los países, entre ellos Kosovo, está determinada en parte por cierto interés en el comportamiento de las empresas de redes sociales. Vale la pena recordar que son usuarios activos de Facebook aproximadamente mil millones de personas, por lo que este tipo de reconocimiento digital de Kosovo será bien recibido por sectores clave de este, como el gobierno, el mundo empresarial o el turismo, si bien es impro-

> bable que ocurra lo propio con el gobierno serbio y aquellos que, dentro de Kosovo, se oponían a la independencia.

Geopolítica e identidad panregional

Dado el sistema político internacional predominante basado en Estados-nación y fronteras territoriales, probablemente las expresiones nacionales de identidad son todavía las más significativas. De todos modos, las identidades no siempre tienen límites territoriales. A veces se filtran más allá de las fronteras o se generan a propósito de modo que trascienden el actual mosaico de Estados y sus lindes nacionales. En Europa tenemos un ejemplo que viene al caso; en este sentido, además, el Tratado de Roma de 1957 y sus antecedentes son significativos. Traumatizadas por la experiencia de dos guerras mundiales devastadoras, varias figuras políticas europeas (sobre todo de Francia y Alemania), como Jean Monnet y Konrad Adenauer, fueron determinantes para iniciar un proceso político, económico, social y cultural concebido con el fin de fomentar la cooperación y finalmente la integración europea. Para Alemania Occidental, que estaba recuperándose de las pérdidas derivadas de dos conflictos globales y de una partición territorial, el Tratado de Roma no consistía solo en favorecer la integración europea: era también otra prueba de que el país pretendía reinventarse como parte integrante de una Europa democrática y, como se vería más adelante, un aliado geoestratégico de Estados Unidos.

Mientras las experiencias de la Segunda Guerra Mundial procuraban la base lógica de la integración europea, la definición geográfica de pertenencia era más problemática. ¿Quién podía incorporarse a este nuevo club económico? ¿Dónde empezaba y terminaba Europa? Los países miembros, ¿tenían que ser predominantemente cristianos en cuanto a carácter y mentalidad nacional? En 1963, Turquía, descrita a menudo como puente geográfico entre Europa y Asia, solicitó por primera vez su ingreso en la Comunidad Económica Europea, y desde entonces ha tenido una relación problemática con los miembros existentes.

Cincuenta años después, la entrada de Turquía en la Unión Europea sigue envuelta en la controversia, pues algunos de los miembros tardíos, como Austria, han expresado ciertos temores a que ese poblado país provoque tensiones económicas, políticas y culturales graves entre el resto de los países miembros, mientras otros han llamado la atención sobre el hecho de que en Turquía el compromiso con los derechos humanos y con la protección de las minorías étnicas y culturales ha sido irregular. Acechando bajo debates sobre el movimiento sindical, las oportunidades económicas, los derechos humanos o la integración política, los críticos, en Turquía y en otros lugares, creen que existe una inquietud cultural fundamental relativa a la llegada de más musulmanes a una Europa que ya cuenta con importantes comunidades musulmanas en Francia y Alemania. La crisis humanitaria padecida por Siria en los últimos años ha polarizado aún más las opiniones sobre cómo las sociedades europeas deben integrar a los inmigrantes procedentes de Oriente Medio. Es de destacar que el presidente actual, Recep Erdogan, no ha manifestado ningún interés en incorporarse a la UE, pues prefiere promover su país como superpotencia regional independiente.

Desde el punto de vista histórico, las representaciones geográficas de Europa han cambiado, y sería erróneo en extremo sostener que hay un conocimiento sólido de este espacio continental. En los debates actuales sobre el futuro de la Unión Europea, a menudo se expresa preocupación por temas como el territorio, la identidad, la prosperidad y la soberanía. En medio de la guerra de Bosnia, a principios de la década de 1990, los países de la Unión Europea fueron reprendidos por mostrarse débiles e incapaces de intervenir en una zona próxima a algunos de sus Estados miembros. Diversos intelectuales bosnios y de otros países europeos criticaron duramente la inacción de los colegas europeos, que no habían acudido a ayudar a un país multicultural y multiétnico situado solo a dos horas de vuelo de Londres e incluso menos en el caso de París, Bonn o Roma. Numerosos observadores interpretaron que la destrucción en 1992 de ciudades como Mostar o Sarajevo, o la masacre en 1995 de siete mil hombres y muchachos en Srebenica, eran una prueba contundente del fracaso del proyecto europeo en lo tocante a consolidar valores como la integración, la tolerancia, la paz y la democracia. Un cuarto de siglo después, los miembros de la Unión Europea afrontan una situación en la que a países nuevos como Hungría y Polonia se les acusa de socavar valores esenciales, como el principio de legalidad o la independencia del poder judicial.

Nos encontramos en un momento complejo. La Unión Europea se presenta a sí misma como defensora de prácticas y valores democráticos liberales, como el Estado de derecho, la gobernanza democrática, la transparencia, la rendición de cuentas o la separación de poderes. En los últimos años, esto se ha mostrado más difícil de articular. Uno de los ejemplos más notables es el de Polonia. En 2017-2018, el gobierno polaco se vio afectado por un conflicto con la Comisión Europea (CE) sobre ciertas leyes polémicas, lo cual provocó, en aplicación del artículo 7, la apertura de un procedimiento disciplinario contra ciertas propuestas polacas de reforma judicial. El partido Ley y Justicia, que gobierna Polonia, perfiló una relación más fiscalizadora del sistema judicial debido a supuestas ineficiencias o falta de rendición de cuentas del segundo. Según los funcionarios de la CE, la reforma propuesta contradecía el compromiso de la UE con un poder judicial independiente. Si se considera que un país miembro está amenazando la integridad de las prácticas y los valores de la UE, es posible aplicar sanciones.

No obstante, la gestión de la «crisis» fue torpe, y al final quedó en entredicho la geopolítica progresista que la UE se proponía defender: libre circulación de personas, fronteras abiertas, fomento del comercio, cooperación internacional y protección de los derechos humanos. Diversas crisis financieras y migratorias siguen ejerciendo una considerable presión sobre la UE en tanto que proyecto regional democrático, liberal y abierto. En mitad de las negociaciones concernientes a una constitución europea, los partidos políticos y los medios informativos debatieron con cierta intensidad sobre la naturaleza y la finalidad de la Unión Europea, que ahora se componía de veintisiete Estados miembros (menos el Reino Unido, que en el momento de escribir esto está listo para abandonar la Unión Europea en cuestión de meses). Algunas figuras políticas de la derecha deseaban que la constitución encarnara un espíritu «cristiano europeo» y pusiera el énfasis debido en su identidad geográfica como civilización diferente. Como los votantes franceses y holandeses rechazaron la propuesta, se desbarató efectivamente su implantación. Dada la arraigada presencia de comunidades judías y musulmanas en todo el continente, para los observadores no cristianos la idea de que Europa pudiera llegar a definirse como un espacio cristiano resultaba inquietante.

Uno de los principales problemas que afrontan muchos gobiernos europeos, entre ellos los de Gran Bretaña, Francia y Holanda, es la marginación sufrida por numerosas comunidades musulmanas. Uno de los secuestradores del 11 de septiembre de 2001, Mohammed Atta, se mostraba profundamente decepcionado con la sociedad alemana mientras estudiaba en Hamburgo. En Francia, se vio la causa de los disturbios en los barrios periféricos de París en el verano de 2005 en la la discriminación y el racismo sufridos por los hombres musulmanes jóvenes. Diversas experiencias globales de marginación, sumadas a las persistentes crisis en Afganistán, Palestina, Irak y Chechenia, han contribuido a una sensación general de injusticia. Esta combinación de factores geopolíticos y religiosos globales, regionales y locales fue mencionada como una motivación significativa de los cuatro hombres que el 7 de julio de 2005 colocaron bombas en el sistema de transporte público de Londres.

Estos debates culturales sobre la dimensión geográfica de Europa aparecen con frecuencia en muchos relatos de expresiones panregionales y de identidad nacional. El histórico compromiso de Turquía con la Unión Europea es solo un aspecto de esta difícil situación, como lo fueron las guerras que afectaron a la antigua Yugoslavia a principios de la década de 1990. Otros ámbitos de la vida cultural y política paneuropea, como el flujo de personas que entran y salen de la UE, han provocado a menudo cierta inquietud acerca de quién es europeo y quién no lo es. Tras el ingreso de Polonia y Eslovaquia en la UE, algunos periódicos británicos avisaron de que el Reino Unido acabaría «inundado» de inmigrantes a medida que los europeos del Este salieran de sus países en busca de oportunidades laborales. Como había pasado con la inmigración desde la Mancomunidad de Naciones en las décadas de 1950 y 1960, algunos expertos afirmaban que el país estaba a punto de verse desbordado por personas que no eran «como nosotros». Igual que ocurre con los debates contemporáneos sobre inmigración, las referencias a verse «invadidos» o «desbordados» funcionan como una especie de código cultural-geográfico para expresar la preocupación por la propia identidad nacional e incluso panregional. Quienes tengan un sentido más agudo de la historia y la geografía, sabrán que los países como el Reino Unido siempre han estado configurados por oleadas de inmigrantes. En la actualidad, la comunidad polaca del Reino Unido es una de las más numerosas: está conformada por aproximadamente un millón de personas.

El número de miembros de la Unión Europea sigue aumentando: en enero de 2007 se incorporaron Bulgaria y Rumanía, y en 2013, Croacia. Aunque muchos han criticado a las instituciones de la UE y su incapacidad para generar una razón de ser efectiva y una identidad paneuropea, es preciso tener en cuenta que la UE ha alentado nuevas expresiones de identidad nacional. En mayo de 2006, la República de Montenegro celebró un referéndum en que el 55 % de los votantes prefería la independencia a seguir vinculado a Serbia. El papel de la UE fue especialmente interesante, pues estableció los requisitos que debía cumplir la República de Montenegro para que su declaración de independencia fuera admitida. De hecho, el argumento clave para la independencia de Montenegro estaba ligado al deseo de integrarse en la UE, no a la independencia nacional *per se*. Muchos montenegrinos estaban tristes porque su deseo de formar parte de la UE estaba siendo efectivamente suspendido debido a la negativa de Serbia a entregar presuntos criminales de guerra y a su previa implicación en conflictos violentos en Kosovo y otras partes de la antigua Yugoslavia. La intervención de la UE no tenía precedentes, y pone claramente de manifiesto que una organización paneuropea puede desempeñar un papel decisivo a la hora de moldear reivindicaciones culturales de una identidad europea.

Como sucediera con los países bálticos –Estonia, Letonia y Lituania–, se consideraba que la pertenencia a la Unión Europea era una parte importante de un proceso transformador que permitiría a esos Estados reinventarse a sí mismos como «europeos» y al mismo tiempo estar menos vinculados a los asuntos e intereses de la antigua Unión Soviética. De este modo, la Unión Europea está cada vez menos definida geográficamente por los países europeos occidentales y, por tanto, más diferenciada internamente. No obstante, en los últimos años, todo esto ha ido acompañado de más tensión, pues dos problemas –la austeridad económica y el control de la inmigración– han dominado cada vez más las relaciones no solo dentro de la UE sino también con regiones cercanas, como el norte de África. En enero de 2014, se permitió a inmigrantes rumanos y búlgaros entrar en otros mercados laborales de la UE, como el del Reino Unido, lo cual provocó muchos comentarios (una vez más) sobre si el país iba a verse invadido por otra oleada de inmigrantes de Europa del Este.

Entretanto, un país candidato como Ucrania está lidiando a duras penas con una división interna entre una mayor orientación hacia la UE, por un lado, y una mayor vinculación a Rusia, por otro.

Las prácticas políticas y los relatos identitarios asociados a la Unión Europea han complementado y cuestionado al mismo tiempo los asociados a los Estados nacionales. Según algunos, la Unión Europea debería ser considerada una «Europa de naciones», mientras que otros promueven unos «Estados Unidos de Europa». Una manera de abordar estas visiones geopolíticas en competencia es simplemente resolviéndolas desde el punto de vista geográfico; por ejemplo, en la Eurozona y en el Acuerdo de Schengen hay países que están y países que no.

Los consiguientes debates sobre la extensión geográfica de Europa son importantes, pues la UE se ha mostrado dispuesta a llevar sus actividades más allá de los límites definidos por los miembros actuales. En esferas como la inmigración, el antiterrorismo y el antiyihadismo, la UE tiene cierta presencia extraterritorial en países africanos como Níger. Trabajando con sus homólogos de EE. UU., países como Francia o el Reino Unido han estado en primera línea a la hora de sellar la frontera con Libia para desbaratar las rutas de contrabando de armas y de inmigración ilegal. La inversión e implicación de los europeos y los estadounidenses han sido criticadan por organizaciones no gubernamentales y locales por ser insensibles a las necesidades de desarrollo de las comunidades fronterizas. En diciembre de 2016, la UE firmó un acuerdo con Níger para efectuar una inversión en edificios estatales e infraestructuras cuyo monto ascendía a 470 millones de euros (en torno a 550 millones de dólares).

Geopolítica e identidad subnacional

Si las expresiones regionales de identidad y finalidad complican la relación entre entidades políticas y expresiones de identidad nacional, los agrupamientos subnacionales que aspiran a la independencia o a una mayor autonomía con respecto a la autoridad central también ponen en tela de juicio cualquier simple suposición de que las identidades están delimitadas desde el punto de vista territorial. Países como Japón o Islandia, que son prácticamente homogéneos desde una perspectiva étnica, han tenido menos casos de grupos subnacionales que cuestionen la legitimidad territorial y reivindiquen una identidad propia. Dentro de Europa, comunidades como Cataluña, en España, o Valonia, en Bélgica, siguen proporcionando recordatorios de que las manifestaciones de unidad y finalidad nacional se ven limitadas y a veces impugnadas violentamente por otros grupos a los que molestan las reivindicaciones de identidad o visión nacional.

El nacionalismo es un proceso dinámico/iterativo, y países como España han alternado entre reprimir y acomodar en su seno demandas de unidades territoriales concretas y representaciones de identidad. Durante los últimos cuarenta años, los gobiernos españoles de Madrid han concedido más autonomía a las comunidades vasca y catalana al tiempo que militares de alto rango han declarado que el país nunca permitirá que estas regiones se separen de España (recuadro 13). Los mapas nacionales, confeccionados por el Instituto Geográfico Nacional (creado en 1870), han desempeñado un papel importante en el fortalecimiento de las visiones de una España unida.

Recuadro 13. Cataluña y el referéndum de independencia de 2017

Uno de los períodos más delicados de las relaciones entre Cataluña y Madrid fue octubre de 2017, cuando, pese a ser declarado ilegal por el gobierno central, se celebró igualmente un referéndum que se saldaría con un abrumador número de votos favorables a la independencia. La participación fue del 43%, por lo que hay que tomar el resultado con cierta prudencia por dos motivos: primero, muchos ciudadanos decidieron no votar porque el referéndum había sido declarado ilegal por el Tribunal Supremo; segundo, muchos votantes no pudieron depositar su voto porque agentes de las policías nacional y autonómica impedían el acceso a los colegios electorales. El referéndum también fue declarado ilegal por el rey de España, Felipe VI, que añadió aún más controversia a la situación. La Unión Europea se negó a intervenir a favor de los dirigentes catalanistas, alegando que se trataba de un asunto interno español. Los partidos favorables a la independencia

> siguieron dominando el parlamento autonómico catalán después de que el gobierno español aplicara el artículo 155 de la Constitución para intervenir la autonomía y convocar nuevas elecciones en diciembre. En la región más rica de España se mantiene la situación de impase.

Esta manifiesta determinación a retener territorios provocó, en parte, que en el pasado grupos como ETA (Euskadi y Libertad) desarrollaran una estrategia terrorista que incluyó la colocación de bombas o multitud de atentados contra personas y propiedades en el País Vasco o en ciudades importantes como Madrid. Creada en julio de 1959, ETA pretendía fomentar el nacionalismo vasco junto con un mensaje anticolonialista que exigía el cese de la ocupación española. Franco reprimió ferozmente a ETA y se valió de grupos paramilitares para intentar aplastarla. Pero aquello resultó infructuoso, y la organización siguió actuando tras la muerte del dictador pese a diversas iniciativas, en la década de 1990, para acordar un alto el fuego. Cabe destacar que inicialmente el grupo fue acusado de los atentados de Madrid del 11 de marzo de 2004 (en España, 11-M), que acabaron con la vida de más de doscientas personas. En realidad, ETA no había tenido nada que ver: los autores habían sido grupos islamistas. El gobierno del Partido Popular, presidido por José María Aznar, que había aprobado el despliegue de tropas españolas en Irak, fue claramente derrotado en las elecciones generales que se celebrarían dos días después. Curiosamente, un gobierno nacional obsesionado con sus bajos índices de popularidad intentó culpar a una organización operativa dentro de España de unos atentados que, a juicio de muchos, eran una consecuencia directa del respaldo de España a la guerra contra el terror.

Aunque se mantiene el desafío al Estado español planteado por nacionalismos subregionales, la actividad terrorista seguramente disminuyó a raíz del 11-M. Los separatistas catalanes continúan promoviendo prácticas y expresiones de diferencia en lo relativo a la lengua, las banderas o los mapas, y, en el caso de ETA, un espacio geográfico que define y defiende la patria vasca: Euskal Herria. No todos los separatistas vascos avalaron las acciones de ETA en el pasado, y hoy en día la lucha prosigue mediante discusiones sobre poderes constitucionales, acuerdos económicos o las posibilidades del Parlamento catalán y sus líderes de saltarse las restricciones impuestas por el gobierno central de Madrid. ETA se disolvió formalmente en mayo de 2018.

Los separatistas tanto regionales como nacionales consideran que los esfuerzos por demarcar la propiedad del territorio constituyen un elemento fundamental para facilitar que se mantengan relatos concretos de identidad. Por un lado, estas luchas en lugares diversos, como España, China, Sri Lanka o Indonesia, ayudan a los gobiernos nacionales no solo a legitimar operaciones militares y de seguridad, sino a provocar con frecuencia niveles superiores de inversión económica y emocional en relatos de identidad nacional tal como se evidencia en ciertos escenarios de la cultura popular, como la televisión, las escuelas o los periódicos. Como han señalado diversos expertos en geopolítica y relaciones internacionales, la designación de algo como amenaza para la seguridad suele ser un elemento crucial en la justificación del uso de medios coercitivos, pues se considera que el Estado corre peligro. Por otro lado, las luchas separatistas nos recuerdan que estas reivindicaciones nacionales no se deben dejar nunca de lado. La situación actual de lugares como Irak, Líbano o Siria nos brinda un estremecedor recordatorio de que las fronteras coloniales y las identidades múltiples coexisten con dificultad, y de que la imposición de infraestructuras y de símbolos nacionales, como la bandera o la moneda, apenas bastan si hay poco reconocimiento y legitimidad a escala local.

Geopolítica y civilizaciones

En 1993, el académico norteamericano Samuel Huntington provocó cierto revuelo al publicar un artículo titulado «El choque de civilizaciones» en la revista *Foreign Affairs*. Como pasó con «El fin de la historia» de Francis Fukuyama, un título llamativo y un momento oportuno garantizaron que el texto recibiera una publicidad notable en Estados Unidos y también en lugares como Oriente Medio y el mundo islámico. El artículo exponía su idea ya de entrada. Se decía a los lectores que el mundo estaba entrando en una nueva fase en la que la elaboración de la geopolítica global estaría marcada por un «choque de civilizaciones». Este choque encajaba mal con lecturas más optimistas de la geopolítica posterior a la Guerra Fría.

De forma crítica, Huntington esboza un nuevo mapa mundial poblado por siete o quizás ocho civilizaciones en vez de una dominada por un núcleo geográfico. En el mundo geopolítico de Huntington, se considera que, para la civilización occidental, la principal amenaza es el islam y su presencia territorial en Oriente Medio, el norte de África, Asia Central y el resto de Asia. Aunque su concepto de «civilización» es vago, su descripción de las civilizaciones islámicas como amenaza está inspirada por las obras publicadas de Bernard Lewis, experto en Oriente Medio y el mundo islámico. Este ha influido decisivamente en la opinión neoconservadora en Estados Unidos, y seguramente ha sido el especialista que más contribuyó a configurar el armazón intelectual de la administración de George W. Bush con respecto a las opciones de política exterior en Oriente Medio. No es de extrañar que otros conocidos eruditos, como el profesor palestino-norteamericano Edward Said, hayan sido muy críticos con el trabajo de Huntington y Lewis.

Al definir las civilizaciones islámicas como intrínsecamente amenazadoras para Estados Unidos y, de un modo más general, para Occidente, se mantiene una política identitaria con reminiscencias de la Guerra Fría, bien que bajo un disfraz cultural-geográfico diferente. Si el comunismo y la Unión Soviética fueron considerados amenazas globales durante sesenta años, Said y otros sostienen que ahora toca declarar peligrosos y amenazadores al islam y regiones como Oriente Medio y el norte de África. Aunque aparentemente un relato así parece simplista, las cartografías mundiales mentales de Huntington contienen extraordinarios silencios u omisiones. De entrada, la idea de que Occidente se define como cristiano parece olvidar la prolongada presencia de otras comunidades religiosas en Europa y Norteamérica. Además, cuesta imaginar una civilización que no se haya visto influida por una amplia gama de flujos compuestos por personas diversas y sus creencias y otras prácticas socioculturales, entre las que incluiríamos la lengua, la comida o la arquitectura. Por ejemplo, sería difícil que alguien que visitara España o Portugal no advirtiera la persistente presencia de la arquitectura islámica y la lengua árabe en muchos topónimos, por ejemplo.

Para Edward Said, según su artículo «The Clash of Ignorance» [El choque de la ignorancia], publicado en octubre de 2001, la idea más preocupante es que un choque de civilizaciones inspire una cosmovisión norteamericana que acaso interprete los atentados del 11 de septiembre de 2001 en términos marcadamente culturales. Aunque algunos militantes islamistas podrían acogerse a este tipo de términos culturales, el peligro intrínseco de este etiquetado simplista de los lugares es que se sacrifican la interdependencia y la complejidad en favor de las simplicidades monocromáticas. De nuevo en la Norteamérica de Bush no faltaron comentaristas de derechas, como Ann Coulter, a quienes faltó tiempo para vincular la superioridad cristiana/occidental a una forma de política exterior norteamericana que abogaría por la protección incondicional de Israel y la destrucción del mundo islámico. Para los elementos más extremistas de la comunidad evangélica cristiana, la Segunda Venida de Cristo solo se producirá cuando el mundo tenga su Armagedón gracias a un enfrentamiento con activistas islamistas o, de manera más prosaica, al cambio climático global.

Con independencia del origen de la destrucción global, el debate sobre el «choque de civilizaciones» ha subrayado que los relatos de identidad también se expresan a escala global. No obstante, esa clase de debates suelen pasar por alto elementos clave como las geografías históricas del colonialismo. Si queremos entender las formas en que diferentes lugares y creencias han interactuado, hemos de valorar los legados de dominación y resistencia económica, política y cultural. El peligro intrínseco de la tesis de Huntington es que otros lugares y comunidades religiosas son representados simplemente como amenazadores. En cualquier caso, aunque lo fueran, es llamativo que expertos como Huntington o Lewis no estén dispuestos a analizar con mayor detalle el modo en que las experiencias de la dominación colonial británica y francesa en Oriente Medio influyeron y siguen influyendo en las relaciones geopolíticas contemporáneas. Por ejemplo, ciertas afirmaciones de superioridad moral de los franceses y los británicos a menudo quedaron desenmascaradas cuando estos bombardearon, gasearon y masacraron a las mismas poblaciones que pretendían regular y controlar.

A principios de las décadas de 1920 y 1930, Egipto estaba lleno de soldados extranjeros; además, se segregaron espacios sociales para los europeos con arreglo a un modelo que después se reproduciría en la Sudáfrica del *apartheid*. En Egipto, una creciente sensación de humillación e indignación desempeñó más adelante un papel clave en la creación de los Hermanos Musulmanes y la posterior campaña anticolonial contra los británicos. En 1948, radicales egipcios como Sayyid Qutb visitaron Estados Unidos y explicaron que no les había gustado su cultura materialista y la discriminación racial que se ejercía, sobre todo sobre la comunidad afroamericana. Aunque ha habido varios orígenes y contextos que han inspirado la militancia islámica contemporánea, los recuerdos vivos de la ocupación colonial junto a un rechazo al carácter racista de los países democráticos liberales occidentales también forman parte de esta compleja ecuación. Las potencias occidentales, con la ayuda de regímenes vicarios como Egipto, Arabia Saudí y Jordania, siguieron inmiscuyéndose en los asuntos internos de esos países incluso cuando ya habían alcanzado la independencia formal. A día de hoy, los iraníes todavía recuerdan el papel de la CIA en el respaldo a un golpe de Estado contra el gobierno reformista de Mossadegh en 1953.

El «choque de civilizaciones» promete simplificaciones culturales y geográficas que, la verdad, no cuadran nada bien con las complejidades de un mundo lleno de comunidades interconectadas y redes diaspóricas en las que se incluyen cristianos, drusos y numerosas comunidades musulmanas de lengua árabe. Estas simplificaciones podrían contribuir a ofrecer un relato reconfortante en ciertas partes del mundo, pero no se muestran lo bastante atentas a la complejidad de la movilidad humana ni a las consiguientes exigencias de distintas comunidades frente a los gobiernos y organizaciones. Dada la inquietud por la actual situación de Siria, en medio del conflicto generalizado da que pensar que unos 18 millones de personas que no viven allí tengan ascendencia siria, entre ellas conocidas personalidades norteamericanas como la actriz Teri Hatcher o el fallecido dueño de Apple Steve Jobs. El primer ministro canadiense, Trudeau, fue uno de los líderes políticos que se mostró más explícito a la hora de dar la bienvenida a los refugiados sirios que llegaban a su país.

En esta coyuntura política, el difunto Osama bin Laden y sus socios presentaban su lucha como algo que iba dirigido contra «judíos y cruzados» y se desarrollaba en Oriente Medio y otras partes. En sus difundidos discursos, Bin Laden se valía del «choque de civilizaciones» para explicar y legitimar la campaña contra Estados Unidos y sus aliados, incluyendo los regímenes apóstatas de Egipto, Jordania y Arabia Saudí. Su deseo de crear una nueva comunidad islámica (*umma*) se basaba en la purificación cultural y religiosa de Oriente Medio y el mundo islámico. Se considera que para alcanzar ese objetivo es crucial expulsar de la región a los israelíes, los apóstatas y las fuerzas norteamericanas. Esto se expresa con la máxima claridad en su «Declaración de una yihad contra la ocupación de Norteamérica de los dos lugares sagrados», y se reitera tras el 11 de septiembre de 2001. La visión intelectual que tenía Bin Laden del mundo estaba condicionada por su contacto con el teólogo palestino –y miembro fundador de Al Qaeda– Abdullah Azzam, que convenció al primero de que viajara a Afganistán y fue un defensor de lo que él denominaba «la yihad y el fusil».

Los choques de civilizaciones también han sido imaginados dentro de Europa y otros sitios de una manera más general. El Estado Islámico (EI), que opera en Siria e Irak, moviliza discursos sobre civilizaciones, que ante todo conciernen a un califato islámico panregional. La política identitaria puede saltar de escala y localización de formas espectaculares, desde el ámbito cotidiano al de civilización. Tras captar este giro de los acontecimientos, la novela *Sumisión* (2015), del polémico escritor Michel Houellebecq, imagina que Francia se ha convertido en un califato y explota activamente los temores de algunos ciudadanos franceses a que Francia pierda su tradicional carácter cristiano. La culpa de esta transformación recae en las fronteras abiertas y la tolerancia democrática liberal. En su libro de 2018 *The House of Islam*, el escritor Ed Husain advierte de que la relación entre los musulmanes y los no musulmanes sigue siendo frágil, pues los flujos de inmigrantes desde Oriente Medio y el sur de Asia a Europa pueden amenazar la naturaleza judeo-cristiana de esta última. Para poner de relevancia lo peligroso que esto resultaría se ha recurrido a señalar aspectos polémicos, como el trato a las mujeres, la observancia de la práctica religiosa, las diferencias en las tasas de fertilidad o las posturas ante Israel.

El presidente Trump avisó a los dirigentes europeos de que, si no reaccionaban ante los flujos migratorios procedentes de países de mayoría musulmana, la situación de Europa empeoraría. Los partidos conservadores europeos llaman la atención sobre la «islamización de Europa». No obstante, las ventas de armas europeas a regímenes represivos como el de Arabia Saudí nos recuerdan que ciertas formas de civilización de la geopolítica revelan un sinfín de contradicciones y complicidades. Entretanto, varios líderes políticos e intelectuales chinos también han hablado de civilizaciones y sostenido que las prácticas y los valores chinos son culturalmente superiores a los paradigmas geopolíticos occidentales porque se centran en los resultados beneficiosos para todos, en la no injerencia en los asuntos internos de los demás y en el respeto mutuo. Este ha sido un elemento crucial del marco geopolítico de la iniciativa «Un cinturón, una ruta»: respetuoso con las identidades y los intereses de los otros.

Identidades múltiples, geografías múltiples

En este capítulo se ha abordado el papel desempeñado por la política identitaria a la hora de moldear territorios y relaciones geopolíticas. Diversos autores geopolíticos clásicos, como Rudolf Kjellén, distinguían entre el territorio del país y la política de la sociedad nacional, junto a otras características como la población. Sin embargo, a Kjellén y otros como Mackinder les interesaron poco las complejidades sociales y culturales. La política de la sociedad es en sí misma más complicada, pues las migraciones, las guerras y los cambios en las formas de comunicar han facilitado e impuesto alteraciones demográficas y culturales. Los argumentos nacionales, los mapas territoriales, las estructuras de sentimientos y la apelación a las emociones desempeñan su papel en la formación de la geopolítica basada en la identidad, pero quizás incluyan unas cosas a costa de otras. Las cualidades dinámicas de la geopolítica identitaria nos recuerdan que las relaciones geográficas que tienen los individuos y las comunidades son complejas y se solapan. Como nos recuerda Michael Billig, los nacionalismos y las identidades nacionales pueden parecer triviales si se dan por supuestos sin más y no se ponen en entredicho. La geopolítica está íntimamente ligada a la ciudadanía y a la pertenencia, y la manera en que un país/región/civilización se entiende a sí misma genera políticas y prácticas de inclusión y exclusión.

Por ejemplo, el modo en que se experimenta la relación entre EE.UU. y China es complicado y tiene múltiples facetas, desde los estudiantes estadounidenses que comparten aula con la hija del presidente chino en Harvard hasta los objetos electrónicos-tecnológicos y las colaboraciones entre empresas chinas y norteamericanas. ¿Cuántos productos estadounidenses diríamos que están realmente fabricados en China? Las relaciones entre EE.UU. y Japón en la década de 1990 constituirían otro caso ilustrativo de cómo la política identitaria puede adoptar diferentes expresiones y escalas geográficas: desde estallidos de miedo y pavor hasta el reconocimiento de inversiones e intereses compartidos. Tanto EE. UU. como China participan en discursos y prácticas sobre civilizaciones, pues se valen de su influencia política, económica y cultural en el mundo para asegurarse ventajas y prestigio. El sentido que tengan estas relaciones e inversiones dependerá mucho de quién, qué y qué lugares estén implicados en ellas. La novelista china-norteamericana Celeste Ng capta parte de esta complejidad en su novela de 2014 *Todo lo que no te conté*. Ambientada en la década de 1970, en plena Guerra Fría, una familia chino-estadounidense se encuentra bajo la permanente sospecha de ser inmigrantes, intrusos en su propio país, y se ve obligada a lidiar constantemente con el racismo y todas las penurias que acarrea.

6
Objetos

Le geopolítica es algo más que palabras e imágenes. Este último capítulo analiza el papel de los objetos y lo que el antropólogo Daniel Miller denomina «material» (*stuff*). La geopolítica suele imaginarse mediante objetos, pero también se ejerce con objetos. Si buscamos en Google «geopolítica» e «imagen», aparecerán mapas, globos terráqueos, edificios oficiales, equipamiento militar, infraestructuras nacionales y cosas por el estilo. Los mapas no son solo un medio para ver el mundo, sino también objetos físicos que encontramos en atlas así como en aplicaciones que se pueden descargar en teléfonos inteligentes. En algunos de los momentos más dramáticos de la política hemos visto a líderes políticos mirando y señalando mapas.

Sin embargo, en geopolítica, el papel del objeto no siempre es dramático. A veces los objetos son «banales» y «calientes». A veces están militarizados y a veces son rutinarios. La oportuna expresión «nacionalismo banal», de Michael Billig, recalcaba que cosas como las banderas pueden formar parte de un repertorio más amplio de expresiones nacionales que se dan por sentadas. Ahora bien, cuando son arrancadas y quemadas por una multitud airada que protesta contra la política exterior de un país determinado, pueden adoptar un estatus distinto. Grecia y Turquía, por ejemplo, mantienen una larga tradición de rivalidad en este sentido. Existe un islote en litigio en el archipiélago Fournoi, una parte estratégicamente delicada del mar Egeo donde las islas griegas orientales se encuentran muy cerca de la costa turca. Turquía y Grecia se acusan continuamente de violar el espacio aéreo y las aguas territoriales la una de la otra en esta zona. Ambas han plantado varias veces su bandera en este islote y arrancado la bandera de su rival. En este contexto, plantar la bandera cobra importancia porque Turquía sostiene, con gran pesadumbre para Grecia, que el islote está en lo que ellos denominan una «zona gris», de soberanía incierta. Cada bando es propenso a acusar al otro de llevar a cabo una geopolítica revanchista, es decir, de exhibir la voluntad de revocar pérdidas territoriales pasadas. En esta disputa, los objetos de propiedad territorial, como los mapas y las banderas, resultan esenciales.

Ciertos objetos pueden determinar relaciones políticas y poner de manifiesto la autoridad estatal. Así pues, la bandera es una expresión potente e hipervisible de seguridad nacional, si bien en muchas ocasiones pasa desapercibida en la vida cotidiana. Muchos objetos desempeñan un papel clave a la hora de dar seguridad, regularizar y disciplinar nuestra vida. Si las banderas no están en su sitio –solemos advertir su presencia cuando han sido destruidas, arriadas, quemadas o rotas–, el estado de ánimo puede cambiar, y de hecho cambia, enseguida. Aunque acaso decidamos pasar por alto este tipo de cosas, muchos objetos tienen la capacidad de entrar y salir discretamente de nuestros intervalos de atención. Al margen de si decidimos dejarlos de lado, jugar con ellos, aceptarlos o rechazarlos, ayudan a los elementos humanos y no humanos de la geopolítica a establecer contacto entre sí (sin que ello signifique necesariamente que carecen de entidad propia para facilitar, imposibilitar o transformar las prácticas humanas). Por ejemplo, el viento fuerte y el clima extremo pueden reducir las banderas a jirones sin necesidad de ninguna intervención humana.

Algunos estudiosos invitan a poner el foco en los objetos para ampliar nuestro análisis de la geopolítica, tal como hiciera por ejemplo Halford Mackinder, quien hablaba de la importancia de cosas como las vías férreas, los barcos, el telégrafo, las pieles, la madera, el carbón y otros elementos considerados especialmente relevantes por el poder estatal e imperial. Para Mackinder, esos objetos eran o bien recursos, o bien infraestructuras que estaban en buena medida bajo el control de agentes humanos. Diversos factores ambientales podían frustrar su uso, como en el caso de un mar helado que resultara impracticable para los barcos, si bien no se tenía tanto en cuenta el papel desempeñado por los objetos a la hora de colaborar a ciertas construcciones mentales y prácticas geopolíticas. Así pues, objetos como la bomba atómica, ¿cómo contribuyen a las expresiones de poder geopolítico soviético y norteamericano (recuadro 14)? Ciertas formas críticas de geopolítica más recientes se han centrado en cómo determinados objetos ayudan a constituir lo geopolítico de maneras que quizá también podrían superar la capacidad de los seres humanos para controlarlos. Por otro lado, ¿acaso existen objetos que tal vez no han sido considerados con anterioridad por la geopolítica por parecer irrelevantes pero cuyo análisis más minucioso nos revela que caen de lleno en su ámbito? Al hilo de esta cuestión, en este capítulo nos proponemos examinar también ejemplos contraintuitivos como los juguetes o la basura.

> **Recuadro 14. La bomba atómica y la Guerra Fría**
>
> ¿Hay algo más icónico que la bomba atómica y las imágenes del hongo nuclear? Lanzada por primera vez sobre Japón en agosto de 1945, el hecho de que a partir de 1950 la Unión Soviética fuera un país provisto de armas nucleares supuso un punto de inflexión estratégico. La «bomba», como solía ser denominada, acabó normalizada en las culturas de la Guerra Fría: algo que se fotografiaba, se filmaba, sobre lo que se escribía y de lo que se hablaba. En otras zonas del mundo, como las islas Marshall, la bomba tenía una presencia muy material. Después de la Segunda Guerra Mundial, el atolón Bikini fue escogido como emplazamiento para pruebas nucleares. Entre 1946 y 1958, las Fuerzas Aéreas de los Estados Unidos arrojaron 77 bombas que provocaron un importante desplazamiento de población y un envenenamiento prolongado. Algunas fotos de las pruebas en el atolón Bikini nos han legado esas imperecederas imágenes de la nube en forma de hongo tras la detonación. Cuando no se hacían explotar, las bombas se guardaban, se almacenaban o se exhibían en diversos escenarios, desde desfiles militares hasta museos o exposiciones públicas. Quienes vayan a Arizona, por ejemplo, pueden visitar el Museo de Misiles Titán, que como reclamo nos promete «desvelar

> los secretos de la mayor arma nuclear de Norteamérica». Entre 1963 y 1987, sobre el misil *Titán II* recaía la tarea de proteger el territorio de Estados Unidos contra cualquier posible ataque soviético. Los visitantes del museo pueden acceder al centro de control y recrear la secuencia de lanzamiento en un gesto lúdico y contrafáctico. Menos mal que esos misiles nunca fueron disparados.

Tuberías

Empecemos con un objeto, o una serie de objetos, que suelen considerarse emblemas de la seguridad energética y de la geopolítica de los recursos: las tuberías. A veces complejas y relacionadas con estaciones de bombeo, conductos de alimentación y terminales, han generado mucha geopolítica. Respaldada por conocimientos especializados, instrumentos y flujos de datos, modelado y supervisión, reparación y mantenimiento, la tubería es parte de una red más amplia de infraestructuras.

El Sistema de Oleoducto Trans-Alaska (SOTA), cuya construcción se remonta a mediados de la década de 1970, es uno de los sistemas de tuberías más largos del mundo: se extiende desde Prudhoe Bay, en el norte del estado de Alaska, hasta el puerto de Valdez, en el sur. Construido tras la crisis del petróleo de 1973, pretendía ser una respuesta contundente a la creciente preocupación por que la seguridad energética norteamericana dependiera cada vez más de un reducido grupo de países de Oriente Medio y otros lugares, como Nigeria y Venezuela. El brusco incremento del precio del petróleo transformó el potencial explotado –y aún por explotar– del yacimiento petrolífero de Prudhoe Bay, cuyas reservas de crudo habían sido descubiertas a finales de la década de 1960.

La construcción de la tubería fue muy complicada, toda vez que la inmensa estructura de metal debía ser capaz de aguantar condiciones climatológicas extremas y atravesar cientos de kilómetros de duros parajes árticos. El flujo de petróleo comenzó a fluir en 1977, y desde finales de la década de 1970 el SOTA ha garantizado el transporte de más de quince mil millones de barriles de crudo. La producción y circulación de petróleo cambió la economía de Alaska y los criterios de los debates sobre seguridad energética en Estados Unidos. Sin embargo, todo este proceso no fue ajeno a controversias y causó gran división de opiniones. Así, mientras el SOTA era una respuesta a cambios energéticos globales, la tubería propiamente dicha, como objeto, era una fuente de discordia. Para los ecologistas, el SOTA simbolizaba una especie de «fiebre del petróleo» indiferente al efecto acumulativo de un proyecto de esta envergadura en un entorno extremo.

Para las poblaciones autóctonas, la construcción no solo no tenía en cuenta las consecuencias de colocar una tubería de semejantes dimensiones en un lugar como Alaska, sino que además pasaba por alto el tema de un reparto de ingresos justo. ¿Quiénes se beneficiarían del flujo de petróleo desde el norte al sur de Alaska? ¿Solo los «Estados Unidos contiguos»? En octubre de 1971, el presidente Nixon promulgó la Ley de Liquidación de Reclamos de los Nativos de Alaska, según la cual si estos renunciaban a sus reivindicaciones territoriales en las áreas afectadas por el proyecto de la tubería, el gobierno transferiría 900 millones de dólares y 148 millones de acres de tierra federal como compensación. Las disposiciones de la Ley de Liquidación se distribuyeron entre las comunidades afectadas y, como consecuencia, pudo concluirse el proyecto del SOTA.

La tubería del SOTA no generó solo geopolítica energética global, sino también geopolítica indígena, pues puso en primer plano el modo en que los gobiernos tanto federales como estatales trataban a las comunidades nativas. Desde su ingreso en la Unión en 1959, el estado de Alaska fue tomado como un área periférica de extracción de recursos y un espacio muy militarizado, siempre en primera línea en cuanto al antagonismo con la Unión Soviética durante la Guerra Fría. No obstante, se expresaron menos preocupaciones por los indígenas de las comunidades septentrionales, más susceptibles de ser considerados «obstáculos» para la seguridad y el desarrollo. La tubería, en sus diversas manifestaciones, transformó la geopolítica de Alaska y alteró muchísimo el modo de imaginar y gestionar ese territorio y sus infraestructuras.

Como el objeto complejo que es, el sistema de la tubería es capaz de dar pie además a distintas clases de relaciones y melodramas geopolíticos. En el invierno de 2006-2007, diversos medios informativos europeos publicaron múltiples crónicas sobre el suministro de gas ruso y el papel desempeñado en ello por Ucrania, un país clave situado entre Rusia (proveedor) y Europa Occidental (comprador). La interrupción del suministro, provocada por un enfrentamiento entre Rusia y Ucrania debido a los precios del gas y al impago ucraniano, llevó a especular sobre qué ocurriría si se dejara de abastecer con gas a los hogares occidentales hasta el punto de que se vieran privados de calefacción. Rusia acusaba a Ucrania de robar exportaciones de gas por valor de 25 millones de dólares destinadas a los consumidores europeos, mientras que otros países, como Moldavia, se quejaban de haber quedado «desconectados» de este sistema de suministro al no haber pagado el precio fijado por Gazprom, el proveedor ruso. Los mapas de las tuberías de gas europeo reforzaron aún más el poder geopolítico de la tubería propiamente dicha y la capacidad de los productores de gas ruso para alterar o incluso interrumpir el flujo. La movilidad del gas, que la tubería había hecho posible, parecía peligrar. Ciertos países como Ucrania o Bielorrusia pasaron a ser significativos desde el punto de vista estratégico precisamente porque los suministros de gas tenían que pasar por infraestructuras de conducción ubicadas dentro de sus territorios nacionales.

Según algunos expertos, la «guerra del gas» era la manifestación de una Rusia renaciente, ansiosa por recordarle al mundo su carácter de «superpotencia energética», y la tubería venía a mostrarse como una «prueba» de ello. Sin gas, se veía frustrada la promesa de abastecimiento regular a los mercados europeos gracias al gasoducto. La iniciativa china «Un cinturón, una ruta» es un buen ejemplo de que las tuberías facilitan intercambios diplomáticos y están vinculadas a nuevos paquetes de inversiones económicas y en infraestructuras, algunos de los cuales son financiados por el Banco Asiático de Inversión en Infraestructura, con sede en Pequín.

Así, vemos que objetos como las tuberías pueden suponer un arsenal de geopolíticas de base identitaria. En el caso de Europa y Rusia, esta última suministra en torno al 25 % del gas natural que consumen sus vecinos occidentales, y el predominio del gas ruso en las matrices energéticas nacionales es mayor cuanto más cerca está uno de Moscú. Los países más dependientes del gas ruso son los Estados bálticos y algunos del antiguo Pacto de Varsovia, como Bulgaria y Rumanía. Más hacia el oeste, territorios como el Reino Unido reciben abastecimiento de Noruega. Existen diversas redes de tuberías, como North Stream, Yamal y Blue Stream. También se está construyendo una tubería South Stream que posibilitaría una cuarta ruta para que el gas ruso viajara hasta los clientes de la Unión Europea y otros como Bielorrusia o Ucrania. Ciertas redes rivales, como la Tubería Transadriática, son mucho más pequeñas y permiten a otro proveedor de gas, Azerbayán, acceder a los mercados europeos del sur.

A largo plazo, el dominio ruso de las tuberías podría verse alterado por la inversión en terminales de gas natural licuado en toda Europa y la disposición de la UE a acabar con la dependencia excesiva de la energía rusa mediante medidas anticompetitivas. Ciertos países del Este, como Polonia, han empezado a extraer gas de lutita para reducir su dependencia del gas ruso.

Mapas

En épocas de guerra y de discrepancias internacionales, tal vez no sorprenda el enorme interés que suscitan los mapas y los lugares que estos representan. El poder del mapa radica en su capacidad no solo para representar sitios y pueblos de múltiples maneras, sino también para ser objeto de diferentes interpretaciones. Como señalaba Benedict Anderson, los mapas (y especialmente algunos de ellos, como el mapa imperial británico, que representaba las colonias y los territorios en color rojo o rosa) han sido un instrumento clave para moldear la manera en que generaciones de ciudadanos entienden el mundo dividido en zonas y lugares diferenciados. Se considera que, durante la Guerra Fría, el desarrollo de proyecciones azimutales centradas en el Polo Norte enseñó a los norteamericanos una nueva forma de observar el mundo, según la cual se acentuaba la relativa proximidad geográfica de la Unión Soviética por la vía del Ártico. De un modo más general, a esas proyecciones se les atribuyó haber determinado una nueva «era de la aviación», en virtud de la cual el itinerario de vuelo de un avión reformulaba el sentido de la distancia y de las relaciones geográficas entre países y continentes.

Como cualquier objeto, el mapa se puede señalar, romper en pedazos, modificar y ocultar, y desde luego puede emplearse para consolidar o impugnar el poder del Estado. Gracias a sus múltiples formatos, digitales y no digitales, los mapas desempeñan un papel importante en la geopolítica y adquieren un valor práctico que va mucho más allá de ubicar lugares y ayudar a las personas a desplazarse por ellos. Actualmente, los países utilizan técnicas cartográficas modernas (como parte de la gobernanza biopolítica de la que hablábamos en el capítulo 5) para recoger datos de los ciudadanos y sus movimientos en transporte público o privado, confeccionar mapas de riesgos urbanos y planificar el futuro desarrollo de las ciudades y las infraestructuras. Las empresas recopilan datos de ventas y las empresas de redes sociales reúnen datos personales con el fin de conocer mejor las preferencias y los hábitos de los consumidores. La elaboración de mapas digitales es inherente a la manera en que el Estado y las multinacionales ejercen su poder cartográfico.

En lo tocante a los territorios nacionales, el mapa ha sido fundamental para la mediación entre los Estados y el establecimiento del sistema internacional, sobre todo cuando se trataba de delimitar fronteras, para cuyo trazado fueron elementos esenciales otros objetos como piedras, árboles, postes indicadores o alambre de espino, así como ciertos accidentes geográficos distintivos, por ejemplo, ríos o cordilleras. Gracias al desarrollo de la cartografía científica a partir del siglo XVI, la confección de mapas fue cada vez más importante para definir las fronteras de los Estados, y su existencia ayudó a facilitar posteriores iniciativas para señalizar y asegurar los límites de los territorios. Este proceso avanza rápidamente en el ámbito marítimo, donde los países costeros invierten grandes sumas de dinero en cartografiar y trazar sus plataformas continentales exteriores con la esperanza de poder ampliar su autoridad soberana sobre el relieve oceánico (y la promesa de un mayor acceso a los recursos que yacen en el lecho marino o bajo él).

El mapa también puede generar muchísimas geopolíticas contemporáneas. Un ejemplo llamativo es un mapa nacional nuevo, con una acusada dimensión vertical. Confeccionado por Sino Maps Press, organismo cartográfico controlado por la Oficina Estatal China de Topografía y Cartografía, este mapa se hizo público en septiembre de 2013. Cabe destacar al respecto el hecho de que su mera existencia provocase inquietud entre países vecinos del sudeste asiático, por un lado, y países árticos, por otro.

Lo que causó malestar en el sudeste asiático fue la introducción de la denominada «Línea de los Nueve Puntos» en el propio mapa, lo que daba a entender que China tenía intereses estratégicos en el mar de la China Meridional. Los nueve primeros puntos cubren el citado mar, mientras que el décimo envuelve a Taiwán. Los pasaportes chinos más recientes llevan este mapa incorporado, de manera que, cada vez que los ciudadanos chinos viajan al extranjero, el mapa viaja con ellos (figura). El mapa es una declaración de intenciones: China tiene importantes derechos e intereses sobre territorios y recursos y no va a renunciar a ellos.

El mar de la China Meridional es una región marítima fuente de muchas desavenencias. Varias islas son objeto de disputa, como lo son también, por lo tanto, la extensión de las distintas aguas territoriales, las zonas económicas exclusivas o incluso derechos de soberanía sobre la plataforma continental ampliada. China se halla inmersa en un conflicto que afecta a Filipinas, Vietnam, Brunei, Indonesia y Malasia, y que se añade al viejo litigio con Japón sobre las islas Senkaku/Diaoyu, más al norte. De la inclusión de estos puntos en el mapa podría desprenderse que China considera que su autoridad soberana se extiende prácticamente por todo el mar de la China Meridional. Aunque el mapa reconoce que la «frontera no está definida», se ha convertido, literalmente, en motivo de discordia.

La ambigüedad que rodea a la presencia del «punto» en el mapa genera inquietud sobre las intenciones de China respecto a su soberanía marítima. Por otro lado, la proyección vertical del mapa de 2013 subraya la relativa proximidad geográfica de China a la región ártica. En mayo de 2013, China fue admitida como observadora en un foro intergubernamental, el Consejo

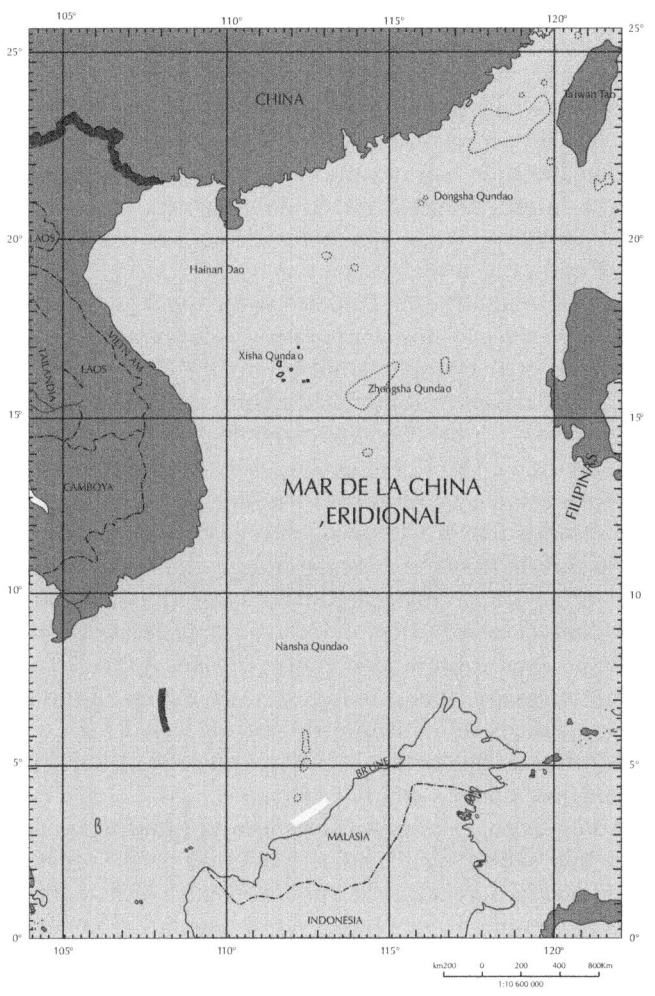

Mapa de China que incluye la controvertida
Línea de los Nueve Puntos.

Ártico, y se describe oficialmente a sí misma como «Estado cercano al Ártico». A ciertos países árticos, como Canadá y Rusia, también les preocupan las intenciones chinas a largo plazo en el Ártico.

Por último, el mapa es un objeto que puede llegar a ser materia de contrageopolítica y contracartografía. Hasta ahora hemos hablado de mapas bastante convencionales y de la elaboración de mapas vinculados al Estado y a su imaginación geográfica. El geógrafo experimental Trevor Paglen nos brinda un notable ejemplo de uso de tecnologías y aplicaciones cartográficas (por ejemplo, Google Earth) y de metodologías visuales para generar diferentes tipos de trazado de mapas. Desde el comienzo de la guerra contra el terrorismo en 2001, Paglen ha revelado también otras informaciones geográficas invisibles, como los vuelos realizados por la CIA para entregas extraordinarias y su red de destinos y escalas, que incluían Jordania, Irlanda, Catar, Libia, Afganistán o la bahía de Guantánamo. Trabajando con artistas y conservadores de museos, sus publicaciones, entre ellas un *Atlas of Radical Cartography*, analizan una serie de mapas, algunos con gráficos de consumo de petróleo en EE.UU. y patrones de detención de inmigrantes ilegales en Europa, por poner solo unos ejemplos.

Por tanto, el término «cartografía radical», o mejor aún «contracartografía», pretende hacer dos cosas: primero, recalcar lo que los mapas convencionales (a menudo preocupados por territorios estatales y jurisdicciones/fronteras nacionales/internacionales) simplemente pasan por alto o subestiman; segundo, cuestionar, desde una perspectiva política y geográfica, qué fenómenos y relaciones merecen ser cartografiados. Así pues, aunque podemos imaginar por qué las autoridades gubernamentales estadounidenses se han mostrado reticentes a elaborar mapas oficiales donde aparezcan itinerarios de vuelo de aviones ligados a entregas extraordinarias, también podríamos preguntarnos por qué, de entrada, otros mapas jamás han sido dibujados. Cuando los gobiernos norteamericanos y europeos expresan su inquietud respecto a la inmigración ilegal, podríamos yuxtaponer las cifras reales de estos inmigrantes con las cifras manejadas por países como Pakistán o Jordania tras una guerra civil, una catástrofe o sucesos de similar alcance. Este tipo de mapas resultaría además interesante porque probablemente utilicen fuentes de datos que en el debate geopolítico dominante se excluyen o se dejan de lado.

Puesto que cada vez más se considera los mapas como productos de sistemas de información geográfica más que como algo dibujado a mano por un grupito de artistas o de técnicos habilidosos, el mapa como herramienta digital también se ha vuelto más accesible que antes. Los artistas, así como los ciudadanos en general, elaboran sus propios mapas: objetos virtuales que interaccionan con el mundo material. En cualquier caso, los mapas siguen siendo potentes precisamente porque hacen hincapié en unas cosas a expensas de otras; el trabajo de Paglen y otros cuestiona la idea de que el mapa sea solo un objeto o una expresión del poder del Estado. Las cartografías ciudadanas están resultando muy influyentes en el cuestionamiento de los mapas y los análisis de datos avalados por el Estado. Así pues, lo importante no son solo las cualidades figurativas del mapa digital (en otras palabras, el contenido real), sino también el hecho de que imita las cualidades materiales de los mapas oficiales, con sus leyendas, escalas, etc. El acceso generalizado a software cartográfico y datos de código abierto ha cambiado drásticamente la capacidad de los ciudadanos y de los actores no estatales para generar su propia cartografía y desafiar el dominio estatal en la confección de mapas. En 2013, por ejemplo, se creó Dronestagram (dronestagr.am), que permite a los usuarios compartir imágenes de drones, incluyendo materiales georreferenciados. Estas páginas web donde se cuelgan fotografías, vídeos e imágenes procuran nuevas oportunidades para cartografiar y contra-cartografiar territorios nacionales e internacionales, así como para impugnar los tradicionales monopolios cartográficos de que han disfrutado los Estados.

Basura

¿Qué puede revelarnos la basura sobre la geopolítica? Para quienes trabajan en las zonas fronterizas de EE. UU. y México, ciertos objetos materiales, como botellas de agua, zapatos, medicamentos y documentos de identidad, permiten radiografiar la desesperación de quienes atraviesan terrenos casi desérticos con la esperanza de entrar en EE. UU. Para muchos autores, incluidos diversos geógrafos y científicos políticos, la basura propiamente dicha nos ayuda a analizar cómo las circunstancias ambientales de las áreas fronterizas son esenciales para comprender la protección y la regulación de las fronteras. Desde mediados de la década de 1990, ha habido, por parte del gobierno estadounidense, una estrategia deliberada para desplazar el tráfico ilegal a las partes de la frontera más hostiles e inaccesibles, donde predominan las montañas y los desiertos.

Debido a estas «barreras naturales», es más probable que los itinerarios de los inmigrantes ilegales incluyan el cruce por reservas naturales o parques nacionales, lo cual ha tenido repercusiones no solo para la supervivencia de los inmigrantes, sino también para el ecosistema. Los que trabajan en las zonas fronterizas y las estudian se encuentran con muchos objetos y materiales que quienes pretenden cruzar han desechado o perdido sin más. Por un lado, la presencia de la basura ha animado a grupos de ciudadanos a organizar operaciones de limpieza; por otro, diversos activistas de los derechos humanos, tras señalar el gran número de botellas de agua tiradas por ahí, insisten en que fallecen cada vez más inmigrantes debido a la deshidratación sufrida en esos entornos implacables, subrayando lo que, a su entender, es el resultado precisamente de esas estrategias de seguridad fronteriza diseñadas para desanimarles (o, peor aún, provocar que haya más víctimas al reforzarse la infraestructura fronteriza más próxima a los pasos conocidos). Así pues, esos objetos llegan a ser una forma de documentar y registrar los subproductos de la inmigración ilegal y las prácticas de seguridad fronteriza. Algunos libros de memorias de agentes que patrullaban las fronteras, como el recientemente publicado de Francisco Cantú, han añadido más aflicción al relatar el hallazgo de restos en descomposición de gente que trataba de cruzar junto al hallazgo de basura. En *The Line Becomes a River* (2018), Cantú no le ahorra al lector las trágicas consecuencias y complicidades de la geopolítica de las fronteras y los controles migratorios.

No obstante, nuestros desechos pueden intervenir de otras maneras en la geopolítica. ¿Qué puede decirnos la basura sobre el lugar que ocupan los territorios y las comunidades en los circuitos del poder? Pensemos por ejemplo en el caso de la empresa holandesa Trafigura, que en 2006 fue acusada de deshacerse de residuos muy tóxicos en Costa de Marfil. Una compañía local fue posteriormente acusada de tirar basura en vez de procesarla en aras de la seguridad. La polémica fue en aumento cuando se conocieron informes sobre muertes y enfermedades atribuibles a los vertidos ilegales. Trafigura se vio obligada a pagar una indemnización al gobierno de Costa de Marfil. Lo que dio más trascendencia al caso fue un prolongado conflicto judicial en el que se intentó conseguir una sentencia que impidiera a las empresas de medios de comunicación informar sobre los vertidos tóxicos, así como refutar las afirmaciones de que el incidente desvelaba una actividad empresarial ilícita y violaciones de los derechos humanos. Los enclaves geográficos donde se habían producido los vertidos aportaron un elemento añadido de controversia. La ventajista elección de un país de África Occidental agitó el espectro de un intento deliberado para garantizar que las poblaciones europeas no se vieran directamente afectadas, además de una estrategia cínica para evitar los costes de procesamiento de residuos en un lugar como los Países Bajos. El riesgo sanitario de este tipo de desechos estaba siendo externalizado. En noviembre de 2012, la empresa llegó a un acuerdo con las autoridades holandesas que conllevaba una multa y un paquete de compensaciones.

La geopolítica de la basura suele implicar una actividad transnacional, multidimensional y desigual que comporta producción, transporte, vertido y reciclaje. En el escándalo de Trafigura había involucrados múltiples actores, entre ellos empresas, comunidades, gobiernos, medios de comunicación y organizaciones no gubernamentales. Sin embargo, a veces la «basura» y los «desechos» también pueden suponer oportunidades. Solo hemos de pensar en ejemplos positivos, como cuando un cargamento, a menudo en forma de contenedores, desaparece (accidental o deliberadamente) de barcos, aviones o camiones para acabar en zonas inaccesibles, como ciertas playas, lo que anima a las comunidades locales a aprovechar la oportunidad de «recuperar» objetos de esos contenedores. Un vertido accidental, como en el caso de un accidente de transporte, se convierte en una posibilidad para que otros saquen provecho de los restos.

Un ejemplo más siniestro serían la basura y la lluvia radiactiva relacionadas con el desastre de Chernobyl de abril de 1986, cuando en Ucrania explotó un reactor de una central nuclear. Tras la catástrofe, los nacionalistas ucranianos manifestaron resentimiento e indignación contra las élites rusas/soviéticas de Moscú por su gestión y su mantenimiento pésimos de la central. El desastre acabó convirtiéndose en un símbolo para justificar ciertas expresiones del econacionalismo ucraniano y para las críticas a la incompetencia de la época soviética.

La geopolítica de los desechos tampoco es solo un asunto terrestre. Hay residuos atmosféricos, como los contaminantes responsables del adelgazamiento de la capa de ozono, pero también tenemos basura espacial. A mediados de la década de 1990, se creó un comité intergubernamental de coordinación sobre desechos espaciales integrado por los principales productores (Europa, Estados Unidos, China, la India, Japón y Rusia, entre otros), si bien las recomendaciones del comité no son vinculantes. Como la basura espacial aumenta la posibilidad de colisiones, cada vez se invierte más en programas de vigilancia del espacio cuyo objetivo es incrementar las capacidad de los países para controlar y seguir la pista a los movimientos de los desechos. No obstante, a veces se producen accidentes: en febrero de 2009 chocaron dos satélites, uno norteamericano y otro ruso. Debido a la extrema sensibilidad de sus operaciones de satélite, estos dos países no comparten ni coordinan datos. Los intentos de la UE (desde 2010) de promover un Código de Conducta para Actividades en el Espacio Exterior siguen atascados. Aunque la mayoría de las partes interesadas aceptan que la basura es un problema, preocupa que China, Rusia y Estados Unidos sean incapaces de ponerse de acuerdo sobre cómo abordar la cuestión de la basura espacial y si las medidas concebidas para paliar sus efectos deberían ser vinculantes. Naturalmente, esto podría cambiar si los residuos resultaran ser más perjudiciales para las actuales operaciones con satélites. En tal caso, el mayor número de colisiones podría acelerar el interés en poner en marcha un acuerdo más vinculante sobre la basura que en el espacio.

Juguetes de acción

Diversos trabajos recientes en geopolítica crítica han abordado un ámbito denominado «geopolítica lúdica», que presta atención a los juguetes y las conexiones de la geopolítica con las prácticas recreativas. Los juguetes mantienen una vieja relación con el militarismo y la guerra. Han sido –y son– utilizados en campañas de reclutamiento, diseño y pruebas de equipos, y como objetos concebidos para legitimar y justificar comportamientos militares. Durante la Guerra Fría, los cohetes y tanques de juguete hechos por fabricantes como Dinky estaban diseñados para inculcar a los ciudadanos jóvenes una versión a escala reducida de esos sistemas de armas que estaban ubicados en distintos lugares del planeta. Como han demostrado diversos expertos en juegos infantiles, los juguetes de temática militar contribuyeron a volver más comprensibles las armas de destrucción masiva para una generación de niños que crecieron en el momento álgido de la Guerra Fría, «carrera espacial» incluida.

Para los de mi generación, nacidos entre mediados y finales de la década de 1960, la introducción de las figuras de acción tuvo una gran importancia, sobre todo entre los más pequeños (aunque no solo entre ellos). En 1964 Hasbro lanzó GI Joe en Estados Unidos, y antes de pasados dos años el fabricante británico de juguetes Palitoy sacó Action Man. En ambos casos, este soldado de juguete era radicalmente distinto de las anteriores versiones de la figura metálica. Diseñado como muñeco maniquí, era, como sugiere la investigación de Tara Woodyer, un negocio arriesgado. Antes, esa clase de muñecos estaban asociados a las niñas y a su conducta en los juegos, sobre todo la popularísima Barbie de Mattel. Los GI Joe se comercializaron como figuras «de acción» para distinguirlos de las más «pasivas» Barbie. Este rasgo de «hombre de acción» se buscaba a través de su diseño, haciéndolo muy flexible y ofreciendo la posibilidad de vestirlo y equiparlo de diferentes maneras en las diversas versiones. Los Action Man de los niños que, como yo mismo, crecieron en el Reino Unido de la década de 1970, venían con el pelo crespo y el rostro lleno de cicatrices, y tenían unas manos capaces de empuñar un arsenal de armas muy variopinto, además de equipamiento diverso. En nuestros dormitorios (en invierno) y en el jardín (en verano), mi hermano y yo inventamos escenarios aún más elaborados de guerras y aventuras donde intervenían diferentes vestimentas y vehículos. Nuestros muñecos Action Man han sobrevivido hasta hoy, si bien guardados en el desván. Al recordar esa época, lo que me resulta curioso es cuántas fuerzas enemigas imaginábamos que eran reminiscencias de los ejércitos alemanes de los años cuarenta en vez de enemigos soviéticos o del Pacto de Varsovia armados con sus característicos AK-47 (recuadro 15).

Lo interesante sobre el desarrollo de estas figuras del Action Man es que su diseño y su popularidad entre los consumidores tuvieron una historia cambiante. No había ninguna «Action Woman», y el equipo y los uniformes del muñeco se basaban en los de las fuerzas armadas británicas. Todos mis Action Man eran blancos, aunque en la década de 1970 era posible comprar un Action Man negro llamado Commando Tom Stone. Los fabricantes pidieron asesoramiento a diversos miembros militares británicos sobre el diseño de los muñecos. Dentro de Europa Occidental hubo diferencias. Durante la Guerra Fría, el equivalente alemán estaba visiblemente menos militarizado, y ciertas figuras semejantes iban vestidas con materiales de fuerzas de la ONU de mantenimiento de la paz. En Estados Unidos, GI Joe perdió popularidad durante la guerra del Vietnam, y no fue hasta la elección de Ronald Reagan como presidente, en la década de 1980, cuando la marca fue relanzada con un muñeco concebido como un «Verdadero héroe norteamericano».

> **Recuadro 15. El fusil de asalto AK-47**
>
> Si hay un arma que refleja la importancia del armamento como objeto material en geopolítica, esa es el fusil de asalto AK-47. Creado en 1945-1946 por el diseñador de armas Mikhail Kalashnikov, esta arma no solo llegó a ser el fusil oficial de las fuerzas soviéticas y del Pacto de Varsovia, sino que además circuló ampliamente y se distribuyó en otras partes del mundo. Barata de fabricar, liviana (y, por tanto, susceptible de ser usada por niños) y fácil de mantener, fue el arma preferida de muchísimos ejércitos, bandas criminales y movimientos revolucionarios. El fusil cruzaba de contrabando las fronteras a escala industrial, y el diseño fue copiado por otros fabricantes, entre ellos China e Israel. El AK-47 fue incorporado simbólicamente a la bandera de actores no estatales, como Hezbolá, o al escudo de armas de países como Burkina Faso (1984-1997).

Durante la Guerra Fría, las fluctuaciones en la tensión geopolítica tuvieron mucho que ver en la aparición y la circulación de estos juguetes. En 1993-1994, se relanzó y renovó la marca del Action Man, pero más como personaje de aventuras que como muñeco militar. Action Man regresó a sus raíces militares en medio de las conmemoraciones del Día VE (de la Victoria en Europa) en 2009. Autorizado por el Ministerio de Defensa del Reino Unido, la versión HM Armed Forces supuso la cooperación activa y el compromiso de diversos militares en el diseño y la promoción de juguetes bélicos. En la mercadotecnia de estos muñecos se aprecia un alto nivel de realismo en lo relativo al diseño de la vestimenta y la equipación. Se promocionó intensamente en publicaciones infantiles y anuncios televisivos durante la amplia cobertura de las operaciones militares del Reino Unido en Afganistán e Irak entre 2001 y 2015.

La popularidad comercial de los HM Armed Forces se debe en parte a la calidad del diseño de los muñecos (como han señalado numerosos críticos en foros de internet); pero también estamos ante una muestra de lo que cabría considerar como una nueva fascinación por las fuerzas militares británicas. Aunque no sea algo compartido por todos los ciudadanos del Reino Unido, ha habido un resurgimiento de iniciativas «de apoyo a las tropas», incluyendo desfiles de bienvenida, donaciones caritativas «Help the Heroes», ceremonias conmemorativas y otras actividades (entre ellas espectáculos musicales populares concebidos para destacar la aportación de los militares del Reino Unido en Afganistán). Entretenerse con juguetes como las figuras de acción de HM Armed Forces se convierte en algo digno de análisis por su contribución a la normalización de las actividades militares y, más en general, del militarismo. No obstante, como estos juguetes también pueden convertirse en objetos de protesta y discrepancia, es importante señalar que la relación entre los juguetes, el militarismo y las culturas geopolíticas nunca es sencilla.

Objetivación de la geopolítica

Este capítulo sobre los objetos y, de un modo más general, sobre la cultura material es un reconocimiento de que la geopolítica tiene que ver sobre todo con cosas y lo que hacemos con ellas. Aunque podemos pensar en los objetos que sostienen la arquitectura más formal del Estado –por ejemplo, los mapas, monumentos y enclaves históricos–, existen muchos otros ejemplos que ponemos a trabajar de diversas formas. E incluso los objetos pueden mostrarse desobedientes y, por tanto, capaces de frustrar u oponer resistencia a la acción humana. La bandera se rasga, el arma se atasca, la máquina que expende autorizaciones es incapaz de registrar los datos, el Action Man se desarma por el mal uso infantil y el contenedor se emplea para transportar prisioneros en Afganistán en vez de mercancías por todo el mundo. Las dificultades que plantean los objetos a la geopolítica se deben en parte a que, para analizar su función, deben tenerse en cuenta innumerables cosas. Por otro lado, hay objetos considerados marginales, insignificantes o banales, que se vuelven «geopolíticos» de repente. El hallazgo de microplásticos en el océano Ártico central puede llegar a ser, para algunos, un «grito de guerra» y convertir espacios hasta ahora remotos en zonas de preocupación que exigen una intervención apremiante.

Los objetos y las culturas materiales de la geopolítica merecen una mayor atención. Un análisis más profundo tendría más en cuenta el aspecto, la forma y la textura de los objetos, así como la manera en que estas características materiales son esenciales para la geopolítica y las relaciones geopolíticas. Los líderes populistas suelen tener muchas ganas de que los ciudadanos de su país consuman productos nacionales y dejen de lado los importados. Comprar productos británicos, norteamericanos o franceses, como coches o alimentos, puede acabar siendo algo significativo en momentos de tensión geopolítica y geoeconómica. Comprar sería, en definitiva, una muestra de patriotismo. Los nacionalismos economicistas se basan en determinadas percepciones geográficas del mundo: por un lado, hay que proteger los empleos nacionales contra la mano de obra extranjera; por otro, la inversión internacional y los ciudadanos deben favorecer los bienes de producción local a fin de respaldar al «pueblo». Como consecuencia de ello, los productos extranjeros podrían suscitar expresiones de ira e incluso furia destructiva.

En otras palabras, uno nunca sabe cuándo la geopolítica puede colarse en su vida.

Epílogo

Es probable que la geopolítica del siglo XXI esté determinada por una serie de presiones que afectan a todos los países y comunidades, entre ellas, el crecimiento demográfico (en 2100 seremos al menos diez mil millones), el consumo de recursos, el cambio climático y la desigualdad. Más allá de estas megatendencias, algunos de los principios esenciales del sistema internacional están siendo «vaciados». Los Estados-nación forcejean por ejercer la soberanía sobre sus territorios nacionales, pues la distinción entre dentro y fuera cada vez es más difícil de mantener e identificar. Debido a los patrones globalizados de la política, el trabajo, la cultura, la economía y la información, es muy difícil proteger y preservar las culturas nacionales y unas fronteras territoriales claras. Ciertas formas populistas de geopolítica son sin duda una respuesta a estas dificultades geográficas, si bien también hay otras, como la de oponer resistencia a las exigencias de más acción colectiva ante el cambio climático.

La decisión del presidente Trump de retirarse del Acuerdo de París de 2015 se basaba en la suposición de que ese acuerdo podría ser, desde el punto de vista económico, perjudicial para los intereses de Estados Unidos. Según los críticos, sin embargo, cualquier compromiso con una forma más progresiva de geopolítica medioambiental pasa por reconocer que los seres humanos llevan demasiado tiempo tratando la naturaleza como si fuera un conjunto de recursos baratos, y que los enormes cambios socio-económicos que se han derivado de ello son en gran medida insostenibles y destructivos. La Tierra ha sido escenario de múltiples expresiones de poder geopolítico, desde la extracción de energía hasta la producción de alimentos y la industrialización.

Así pues, para comprender este sentido cambiante de la geopolítica hará falta entender cómo funcionan diferentes expresiones formales, prácticas y populares de la geopolítica en múltiples escalas, cómo tocan un sinfín de cuestiones, encuentran expresión en diversos emplazamientos, cambian con el tiempo y aparecen tanto en la vida cotidiana como en los círculos formales del poder. El modo en que analizamos y dotamos de sentido a la geopolítica revela nuestra manera de sentir, experimentar y escuchar al mundo que nos rodea.

Nos guste o no, todos somos productores, distribuidores y receptores de geopolítica.

Referencias

Capítulo 1: ¿Qué es la geopolítica?

T. Marshall, *Prisoners of Geography* (Penguin, 2015) (hay trad. cast., *Prisioneros de la geografía: todo lo que hay que saber sobre política global a partir de diez mapas*, Barcelona, Ed. Península, 2017).

D. Massey, *For Space* (Sage, 2005).

W.R. Mead, «The Return of Geopolitics», *Foreign Affairs* (mayo/junio 2014) https://www.foreignaffairs/articles/china/2014-04-17/return-geopolitics (consultado el 17 de abril de 2019).

J. Seahill, *Dirty Wars: The World is a Battlefield* (Nation Books, 2013).

E. Said, *Orientalism* (Penguin, 1976) (hay trad. cast., *Orientalismo*, Madrid, Ed. Debate, 2016).

Capítulo 2: ¿Veneno intelectual?

I. Bowman, «Geography v. Geopolitics», *Geographical Review*, 32 (1942), 646-658.

R. O'Brien, *End of Geography* (Routledge, 1992).

G.Ó Tuathail, *The Geopolitics Reader* (Routledge, 2006), 1.

F. Sondern, «The Thousand Scientists behind Hitler», *Readers Digest* 6 (1941), 23-27.

E. Walsh, *Total Power* (Doubleday, 1948), 21.

H. Kissinger, *The White House Years* (Little, Brown, 1979), 598; sus comentarios sobre Chile están disponibles en: http://en.wikipedia.org/wiki/Chilean_coup_of_1973 (consultado el 17 de abril de 2019).

G. Chesney, *The Battle of Dorking* (Lippincott, Grambo & Co., 1871).

E. Chidders, *Riddle of the Sands* (Smith, Elders & Co., 1903).

T. Mahan, *The Influence of Sea Power upon History 1660-1783* (Little, Brown & Co., 1898) (hay trad. cast., *Influencia del poder naval en la historia*, Madrid, Ministerio de Defensa. Subdirección General de Publicaciones y Patrimonio Cultural, 2007).

F. Ratzel, *The Sea as a Source of the Greatness of a People* (R. Oldenburg, 1901).

S. Cohen, *Geography and Politics in a Divided World* (Oxford University Press, 1963).

T. Snyder, *Blood Lands* (Vintage, 2011).

Capítulo 3: Arquitecturas

J. Agnew, *Globalization and Sovereignty* (Rowan and Littlefield, 2017).

W. Brown, *Walled States, Waning Sovereignty* (MIT Press, 2014) (hay trad. cast., *Estados amurallados, soberanía en declive*, Barcelona, Herder Editorial, 2015).

J. Nye, «The Decline of America's Soft Power», *Foreign Affairs*, 83 (2004), 20.

D. Runciman, *How Runciman Ends* (Profile Books, 2018).

Capítulo 4: Geopolítica popular

J. Agnew, *Making Political Geography* (Arnold, 2002).

W. Connelly, *Identity/Difference* (University of Minnesota Press, 2002).

Capítulo 5: Identidades
M. Billig, *Banal Nationalism* (Sage, 1995).
C. Ng, *Everything I Never Told You* (Blackfriars, 2014).
T. Paglen, *An Atlas of Radical Cartography* (Journal of Aesthetics and Protest Press, 2007).

Capítulo 6: Objetos
F. Cantú, *The Line Becomes a River* (Bodley Head, 2017).
D. Miller, *Stuff* (Polity, 2009).

Lecturas recomendadas

La información relacionada con cuestiones geopolíticas disponible en internet es muy desigual en lo que su calidad se refiere. Evidentemente, hay publicaciones del Reino Unido y EE.UU., tanto en papel como online, que abordan asuntos de interés geopolítico, como *The Economist, The Spectator, New Statesman, The National Interest, The Atlantic, Prospect, Dissent, Foreign Policy*, etc. Muchas de estas revistas también cuentan blogs activos; además, existen otras fuentes online, como *Vox, Huffington Post, Politico, The Diplomat, The Hill, Slate* o *Daily Kos*. Diversas revistas académicas, como *Geopolitics, Territory, Politics and Governance* o *Political Geography*, a menudo publican análisis geopolíticos. Hay algunas introducciones excelentes entre las que escoger, por ejemplo, la de C. Flint, *Introduction to Geopolitics* (Routledge, 2016) y, en una línea más clásica, J. Black, *Geopolitics and the Quest for Dominance* (Indiana University Press, 2015).

De un modo más general, buscadores como Google proporcionan muchas oportunidades para explorar más a fondo el término «geopolítica», sin olvidar que, fuera del mundo anglosajón, también hay importantes aportaciones a la disciplina.

Capítulo 1: ¿Qué es la geopolítica?

J. Agnew, *Globalization and Sovereignty* (Rowman and Littlefield, 2017).

D. Armitage, *Foundations of Moderns International Thought* (Cambridge University Press, 2013).

J. Black, *Geopolitics and the Quest for Dominance* (University of Indiana Press, 2013).

D. Dixon, *Feminist Geopolitics* (Routledge, 2016).

K. Dodds, M. Kuus y J. Sharp (eds.), *The Ashgate Research Companion to Critical Geopolitics* (Ashgate, 2013).

C. Enloe, *Bananas, Beaches and Bases: Making Feminist Sense of International Politics* (University of California Press, 2014).

C. Flint, *Introduction to Geopolitics* (Routledge, 2016).

G. Ó Tuathail, *Critical Geopolitics* (Routledge, 1996).

S. Smith y R. Pain (eds.), *Fear: Critical Geopolitics and Everyday Life* (Routledge, 2016).

Capítulo 2: ¿Veneno intelectual?

M. Bassin y G. Pozo (eds.), *The Politics of Eurasianism: Identity, Popular Culture and Russia's Foreign Policy* (Rowman and Littlefield, 2017).

B. Blouet, *Halford Mackinder* (University of Texas Press, 1987).

I. Bowman, *The New World* (World Company, 1921).

S. Cohen, *Geopolitics: The Geography of International Relations* (Rowman and Littlefield, 2014).

K. Dodds y D. Atkinson (eds.), *Geopolitical Traditions* (Routledge, 2000).

T. Garton Ash, *Free World* (Random House, 2004) (hay trad. cast., *Mundo libre: Europa y Estados Unidos ante la crisis de Occidente*, Barcelona, Tusquets Editores, 2005).

P. Giaccaria y C. Minea (eds.), *Hitler's Geographics* (University of Chicago Press, 2016).

D. Haraway, *Primate Visions* (Routledge, 1989).

G. Kearns, *Geopolitics and Empire: The Legacy of Halford Mackinder* (Oxford University Press, 1998).

S.L. O'Hara y M. Heffernan, «From Geo-strategy to Geo-economics: The 'Heartland' and British Imperialism before and after Mackinder», *Geopolitics*, 11/1 (2006), 54-73.

G. Parker, *Geopolitics: Past, Present and Future* (Pinter, 1998).

W. Parker, *Mackinder: Geography as an Aid to Statecraft* (Oxford University Press, 1982).

J. Sharp, «A Subaltern Critical Geopolitics of the War on Terror: Postcolonial Security in Tanzania», *Geoforum*, 42 (2011), 207-305.

Capítulo 3: Arquitecturas

J. Agnew, *Hegemony: The New Shape of Global Power* (Temple University Press, 2005).

J. Agnew y S. Corbridge, *Mastering Space* (Routledge, 1995).

O. Bullough, *Moneyland* (Profile Books, 2018) (hay trad. cast., *Moneyland: por qué los ladrones y los tramposos controlan el mundo y cómo arrebatárselo*, Barcelona, Principal de los libros, 2019).

P. Dicken, *Global Shift* (Sage, 2014).

T. Friedman, *The World Is Flat* (Farrar, Straus and Giroux, 2005) (hay trad. cast., *La tierra es plana: breve historia del mundo globalizado del siglo XXI*, Barcelona, Ediciones Martínez Roca, 2006).

G. Gong, *The «Standard of Civilization» in International Society* (Oxford University Press, 1984).

D. Harvey, *a Brief History of Neoliberalism* (Oxford University Press, 2007).

S. Krasner, *Sovereignty: Organised Hypocrisy* (Princeton University Press, 1999).

P. Mirowski, *Never Let a Serious Crisis Go to Waste: How Neo-Liberalism Survived the Financial Meltdown* (Verso, 2013).

S. Nye, *Soft Power* (Public Affairs, 2004).

N. Smith, *American Empire* (University of California Press, 2003).

M. Steger, *Globalization: A Very Short Introduction* (Oxford University Press, 2017) (hay trad. cast., *Globalización. Una breve introducción*, Barcelona, Antoni Bosch editor, 2019).

J. Stiglitz, *Globalization and its Discontents* (Penguin, 2002) (hay trad. cast., *El malestar en la globalización*, Barcelona, Debolsillo, 2015).

R. Wilkinson y K. Pickett, *The Spirit Level: Why Equality is Better for Everyone* (Penguin, 2010).

Capítulo 4: Geopolítica popular

G. Agamben, *State of Exception* (Chicago University Press, 2005) (hay trad. cast., *Estado de excepción y genealogía del poder*, Barcelona, Centro de Cultura Contemporánea, 2011).

R. Bleiker (ed.), *Global Visual Politics* (Routledge, 2018).

S. Carter y K. Dodds, *International Politics and Film* (Columbia University Press, 2014).

F. Debrix, *Tabloid Terror: War, Culture and Geopolitics* (Routledge, 2007).

D. Holloway, *9/11 and the War on Terror* (Edinburgh University Press, 2008).

M. Power y A. Crampton (eds.), *Cinema and Popular Geopolitics* (Routledge, 2006).

R. Saunders y V. Strukov (eds.), *Popular Geopolitics* (Routledge, 2018).

J. Sharp, *Condensing the Cold War* (University of Minnesota Press, 2000).

T. Snyder, *The Road to Unfreedom* (Bodley Head, 2018).

C. Weber, *I am an American: Filming the Fear of Difference* (Intellect, 2012).

Capítulo 5: Identidades

M. Billig, *Banal Nationalism* (Sage, 1995).

G. Dijkink, *National Identity and Geopolitical Visions* (Routledge, 1996).

M. Doel, *Geographies of Violence* (Sage, 2017).

D. Gregory, *The Colonial Present* (Blackwell, 2004).

S. Huntington, «The Clash of Civilizations», *Foreign Affairs*, 72 (1993), 22-49.

G. Matthews y S. Goodman (eds.), *Violence and the Limits of Representation* (Palgrave Macmillan, 2013).

D. Moisi, *The Geopolitics of Emotion* (Bodley Head, 2009).

E. Said, «The Clash of Ignorance», *The Nation* (22 octubre 2001).

A. Smith, *Chosen Peoples* (Oxford University Press, 2003).

Capítulo 6: Objetos

A. Barry, *Material Politics: Disputes along the Pipeline* (Wiley-Blackwell, 2013).

J. Bennett, *Vibrant Matter: A Political Ecology of Things* (Duke University Press, 2010).

J. Dittmer, *Diplomatic Material* (Duke University Press, 2017).

- D. Gregory y A. Pred (eds.), *Violent Geographies* (Routledge, 2006).
- D. Miller, *Stuff* (Polity, 2009).
- M. Monmmonier, *How to Lie with Maps* (University of Chicago Press, 1996).
- S. Turkle (ed.), *Evocative Objects: Things We Think With* (MIT Press, 2011).

Índice analítico

Afganistán 73, 117, 143, 117, 190, 218
Agencia de Seguridad Nacional (NSA) 46
véase PRISM
AK-47 216, 217
Alaska 56-57, 77, 199
véase también tuberías
Alemania 56-57, 60-61, 109, 173-174
véase también Alemania nazi
Alemania nazi 52-71, 85-88
Antropoceno 26, 39
Argentina 85, 165
arquitecturas 91, 121-122
Asia Central 56, 65, 186
atentados terroristas del 11 de septiembre de 2001 en EE. UU. (11/9) 189-190
véase también guerra contra el terror
Australia 44

Bajo escucha (serie televisiva) 146-151
Banco Mundial 106, 109-110
banderas 184, 195-197

basura 210-214
en el espacio 214
Trafigura 212
bin Laden, Osama 73, 189-190
Black Lives Matter 118
Bowman, Isiah 51
Bretton Woods 106-107
Brexit 49, 82-83, 92
Bush, George 74, 142-143, 186-187

Canadá 44, 208
Carter, Jimmy 36
Chile 64, 77, 82
China 77, 86, 93, 129, 184, 202, 206, 214
Wolf Warrior 2 (película) 48
Churchill, Winston 81, 108, 136
cine de seguridad nacional 134-141
civilización 185-186, 189
civilizaciones 177, 186-187
Conferencia de Yalta 108
contra-geopolítica 208
Corea del Norte 36, 42, 130

Costa de Marfil 212
crisis financiera 105, 113-114, 121
véase también Movimiento Occupy
Cuba 57, 69, 100
cultura popular 46, 79, 127
véase también medios de comunicación

de Gaulle, Charles 37
democracia liberal 106-108
Diamond, Jared 38
discurso del Estado de la Unión 76
drones 210

Egipto 112, 188-190
eje del mal 79
era post-colombina 56, 100-101
espacio vital 59, 62, 64, 66
España 181-184
Estados Unidos 49, 54-55, 67-75, 91-105, 107-108, 122, 154-155, 169, 189-190, 221-222
  civilizaciones 103-104, 186-187
  China 86
  derechos civiles 169
  discurso del Estado de la Unión 76
  frontera 56-57, 77-78, 200
  raza 170
  Reino Unido, relación especial con 81
  véase también Guerra Fría; Irak, invasión de; 11 de septiembre de 2001; atentados en los EE. UU.; guerra contra el terror
Europa Central y Oriental 109
  véase también Unión Soviética

Facebook 129-131, 134, 172
Falkland (Malvinas) 166-168
Filipinas 206
Fondo Monetario Internacional (FMI) 106-107, 110, 152
Foro Social Mundial 152
fronteras 77-78, 92, 94-95, 176, 205

geopolítica clásica 37, 44
geopolítica formal 222
geopolítica indígena 44, 201
geopolítica popular 128-133, 151-158
  véase también medios de comunicación
geopolítica práctica 125, 222
globalización 35, 91-92, 97, 101-121
guerra contra el terror 35, 84, 93-96, 116-117, 141, 144-145
  estado de excepción 147, 148-149
  identidad 171
  internet 156-157
  marcos 79, 126
  películas sobre la amenaza terrorista 142-143

Guerra Fría 34, 61, 69, 75, 99-100, 127, 136, 185, 198, 201, 214-215

Haushofer, Karl 52-53, 63-67
historia intelectual de la geopolítica 81-82
Hitler, Adolf 62-63
Homeland (serie televisiva) 127, 141
Huntington, Samuel 185
Husein Sadam 74, 97

identidad 161, 170-171
identidad nacional 161-171, 177-181
identidad panregional 57-58, 161, 173-181
identidad subnacional 161, 181-185
imperialismo y colonialismo 39, 60-61, 100, 166-167
India 77, 159, 168, 214
inmigración 49, 163-164, 178-179, 180, 209
internet 41, 103, 125-126, 151-158, 218
Irak 190, 218
Irán 36, 95, 130, 133-134, 188
islam 112, 132-134, 185-187
Israel 47, 94, 133-134, 190-191

Japón 58, 63-64, 70, 106, 154, 181, 198, 213
juguetes 196-197, 214-218
　Action Man 215-218
　Dinky 215
　GI Joe 215

Kissinger, Henry 71-72
Kjellén, Rudolf 54-59, 192
Kosovo 171, 172-173, 179

Latinoamérica 62-63, 74-75, 152, 155
Lewis, Bernard 186
Líbano 185
Luna 41

Mackinder, Halford 56, 61, 87, 101, 128-129, 192, 197
macrodatos 121
Malvinas *véase* Falkland
mar de la China Meridional 24, 206
marcos geográficos 36-37
Markov, Georgi 34
Marshall, Tim 44
medios de comunicación 128-133
　véase también internet
Moldavia 202
movimiento antiglobalización 113-114, 152-154
Movimiento Occupy 104-105, 114-115
Muro de Berlín 109

Naciones Unidas 44, 76, 93-95, 95-97, 100, 103-104, 106-109
neoconservadores 73
neoliberalismo 111-113
novelas sobre invasiones 58
Novichok 33

Organización Mundial de Comercio (OMC) 106, 111, 113
Oriente Medio 151, 158-159, 185-181, 199
orígenes de la geopolítica 54-61
OTAN 61, 74, 109

Pakistán 73, 77, 96, 168-169, 209
Palestina 171, 177
películas 135-138
política identitaria 161-162, 171, 186, 190-193
Polonia 63, 95, 175-176
populismo 113-114, 122
Portugal 60, 187
Primavera Árabe 104, 114, 132
PRISM *véase* Agencia de Seguridad Nacional
Putin, Vladimir 20-21, 81, 92

Qutb, Sayyid 188

raza 78, 162, 170-171
Reader's Digest 52
Reagan, Ronald 216
recursos 36-37, 42, 54, 68, 110, 121, 197, 221-222
red de Al-Qaeda 73, 152, 189-190
Reino Unido 103-104, 121-122, 178
    Estados Unidos, relación especial con 81
    Falkland/Malvinas 166-168
    identidad nacional 46-47
    terrorismo 180

República Democrática del Congo 78, 97
residuos 212-214
    véase también basura
Roosevelt, F.D. 53, 57, 108
Rusia 33-35, 56-57, 76-77, 81, 86, 87, 127, 130, 157, 201, 202-203
    véase también Unión Soviética

Said, Edward 186-187
Segunda Guerra Mundial 78, 174, 198
    véase también Alemania nazi
seguridad nacional 108-109, 144-146
Serbia 172, 179
Siria 101, 132, 174, 185
Snowden, Edward 46-47, 156-157
soberanía 33-34, 49, 91, 94-101, 167, 195-196, 206, 221
Sri Lanka 161, 184
Strausz-Hupe, Robert 66
Sudamérica 63-64, 85, 167
superorganismo, estado como 59, 60-62

televisión 125, 126-127, 136, 141-151, 154, 218
    Bajo escucha 146-147
    Homeland 127, 141
    24 127, 141
telón de acero 136
Tercer Mundo 38, 70, 74, 100, 102, 110
terrorismo 35, 141, 144, 180

atentados de Madrid 183
ETA 183-184
internet 151-152
véase también 11 de septiembre de 2001; atentados terroristas en EE. UU.; guerra contra el terror
Truman, Harry 70-71
Trump, Donald 36, 49, 79, 92, 191, 221
tuberías 199-203
Turquía 174, 177, 196

Unión Europea 76, 82-83, 95, 172, 202-203, 208-209
Unión Soviética 34-35, 51, 61, 64-65, 69-71, 73, 100, 136-139, 198, 201

desmoronamiento de 108, 111, 186
Estados Unidos 51, 68-69, 108, 111, 136
Tercer Mundo 38, 70, 74, 100, 102, 110
véase también Guerra Fría, Rusia

«ventanas rotas» 119-120
Vietnam 40, 69, 71, 73, 82, 110
vigilancia 47, 95, 98, 104-105, 117-120, 146-147, 149, 156

YouTube 133-134

zapatistas 155
Zuccotti Park, Nueva York 115